Micheline Schwarze

Qigong

Expertenrat

- Harmonie für Körper, Geist und Seele
- Beschwerden lindern, Wohlbefinden steigern
- Einfache Übungen, genaue Anleitungen

GONDROM

Inhalt

Ein Wort zuvor 5
Zu lebendiger Ruhe 7

Die sanfte Wandlungskraft des Qigong 8

Was heißt Qigong? 9
Eine jahrtausendealte Übungsmethode 10
Einflüsse dreier Weltanschauungen 11
Neuere Geschichte 12
Die traditionelle chinesische Medizin 13
Yin und Yang 14
Wandlungsphasen und Funktionskreise 14
Funktionen des Qi 15
Drei »Schätze« 16
Wege für das Qi 16
Speicherorte für das Qi 17
Wirkung und Anwendung des Qigong 20

Alles geschieht aus der Ruhe heraus 23

Über das Üben 24

Ihre Übungspraxis 24
Wann üben? 24
Wann nicht üben? 24
Wo üben? 25
Wie lange üben? 25
Wie sich auf das Üben vorbereiten? 26
Und nach dem Üben? 26
Die innere Haltung 27
Entspannte Aufmerksamkeit 27
Den Atem fließen lassen 28
Unten fest, oben leicht 30
In der Mitte sein 31
Fließende Bewegungen 31
Ohne Eile 31
Empfindungen beim Üben 32
Aufbau des Programms 33

Die drei Grundhaltungen 34

Liegende Grundhaltung 34
Sitzende Grundhaltung 35
Stehende Grundhaltung 36

Lockerungsübungen 39

Lustvolles Dehnen 39
Grimassen ziehen 39
Das Gesicht ausstreichen 40
Die Ohren massieren 41
Die Schultern rollen 41
Mit den Ellenbogen malen 41

Den Lendenbereich entlasten	42
Den Körper schütteln	42
Handmitten dehnen	43

Übungen in Ruhe — 44

In die Ruhe eintreten	44
Dem Atem lauschen	45
Die Vorstellungskraft zum Dantian lenken	46
Den Atem entlassen	46
Das innere Lächeln	47

Übungen in Bewegung — 49

Drei vorbereitende Übungen	49
Stehen wie ein Baum	49
Bälle ins Wasser drücken	52
Tragen und umfassen	53
Eine Grundübung	55
Reguliere den Atem, beruhige den Geist	55
Fünf abschließende Übungen	57
Reibe die Shenshu	57
Schließe den Daimai	58
Reibe das Dantian	59
Wasche die Laogong	60
Führe das Qi zum Ursprung zurück	61
Fünf Brokat-Übungen	62

Halte das Universum	63
Nach links und rechts den Bogen spannen	65
Milz und Magen regulieren	69
Blicke zurück auf die fünf Übertreibungen	71
Vertreibe alle Krankheiten	74

Gelassen im Alltag — 77

Tag für Tag üben — 78

Wie Sie das Üben in den Alltag integrieren	79
Selbsthilfe	81
Aufrichten und Entspannen	81
Nackenverspannung lösen und Streß abbauen	82
Verwurzelt stehen	83
Selbstmassage von	84
Lendenbereich	84
»Sprudelnden Quellen«	85
Fengchi	86
Sich erinnern und innerlich üben	86
Lächeln	87
Mit dem ganzen Körper atmen	87
Zur Mitte finden	88
Üben mit Partner	88
Die Wirkung der Vorstellungskraft überprüfen	88
Üben in der Gruppe	90
Üben in und mit der Natur	90

Zum Nachschlagen — 92

Bücher, die weiterhelfen	92
Kontakte, die weiterhelfen	93
Sachregister	94

Wichtiger Hinweis

In diesem Ratgeber werden Wesen und Wirkung von Qigong vermittelt; vorgestellt wird ein Übungsprogramm für Anfänger, mit dessen Hilfe sich die Gesundheit und das Wohlbefinden stabilisieren lassen.
Jeder Leser ist aufgefordert, in eigener Verantwortung zu entscheiden, ob und inwieweit er die Übungen für sich nutzen kann. Wer sich in ärztlicher Behandlung befindet oder sich krank fühlt, muß vor Übungsbeginn mit seinem Arzt sprechen. Wer sich beim Üben unsicher fühlt, sollte einen Qigong-Kurs besuchen.
Achten Sie beim Üben auf die im Buch gegebenen Anweisungen, aber auch auf die Reaktionen Ihres Körpers und auf Ihre Empfindungen.

Ein Wort zuvor

Mit diesem Buch möchte ich Ihnen das Gefühl von lebendiger Ruhe und ruhiger Lebendigkeit nahebringen, das Qigong immer wieder in mir entstehen läßt. Ich möchte Sie motivieren, Qigong mit Freude und Ausdauer zur Stärkung Ihrer Lebenskraft zu üben. Neben Ruhe- und Bewegungsübungen werden Sie die geistige Einstellung sowie den behutsamen Umgang mit Atem- und Vorstellungskraft kennenlernen. Die »ganzheitliche« Übungsweise, die Körper, Seele und Geist des Menschen anspricht, macht einfache Qigong-Übungen erstaunlich wirksam.

Qigong – Stärkung der Lebenskraft

Mein Weg zum Qigong begann mit der Atemtherapie. Das Geschehenlassen des Atems und die Achtsamkeit dem Körper gegenüber stellen eine gute Grundlage für das Qigong dar. Bei Frau Dr. med. Josefine Zöller erlebte ich zum ersten Mal die tiefgehende Wirkung dieser Methode. Später lernte ich bei Professor Jiao Guorui, einem Arzt für traditionelle chinesische Medizin und Qigong-Meister aus Peking, dem ich für seine Unterweisung besonders herzlich danken möchte. Er ist ein sehr erfahrener Lehrer, der nicht die spektakuläre Veränderung, sondern die langsame Wandlung betont. Für die Unterstützung beim Verfassen dieses Buches und die wertvollen Ratschläge bedanke ich mich bei Frau Dr. med. Gisela Hildenbrand, in deren Unterricht ich viel über die Vermittlung von Qigong an »westliche« Menschen gelernt habe. Herrn Claus Fischer, Qigong-Lehrer, danke ich für seine Mitwirkung bei den Fotoaufnahmen. Durch meine eigene Kursarbeit wurde mir deutlich, wie wichtig es ist, zunächst wenige Übungen richtig zu erlernen und ihre Wirkung mit Leib und Seele zu erfahren. Diese Basisübungen bleiben im Gedächtnis und können im Alltag angewendet werden. Läßt man sich für die Grundlagen des Qigong Zeit, so gelingen komplexe Übungen später mit größerer Leichtigkeit. Ich habe viele Menschen erlebt, die nach einiger Zeit des Qigong-Übens die Linderung ihrer Beschwerden und eine positive Veränderung ihrer Stimmungslage wahrnehmen konnten.

Üben im Alltag

Qigong löst nicht alle Probleme und heilt auch nicht alle Krankheiten, aber es stärkt die Fähigkeit und die innere Kraft, mit dem Leben gelassener und bewußter umzugehen, es fördert das kreative Potential und die Selbstheilungskräfte im Menschen.

Micheline Schwarze

Zu lebendiger Ruhe

Harmonische Bewegungen und konzentrierte Ruhe – das fällt wohl zunächst an einem Menschen auf, der Qigong übt. Wer diese sanfte Art der Bewegung dann selbst praktiziert, spürt, wie Wärme in seinem Körper entsteht, wie sich ein Gefühl von Lebendigkeit in ihm ausbreitet, aber auch von Ruhe und Entspannung, von Unternehmungslust und Freude. Qi, die Lebenskraft, wird angeregt und gekräftigt durch Gong, das stete, achtsame Üben – so die Vorstellung, wie sie in China seit Jahrtausenden besteht.
Qigong ist fester Bestandteil der traditionellen chinesischen Medizin und wird auch bei uns immer häufiger zur Behandlung und zur Gesunderhaltung eingesetzt.

Die sanfte Wandlungskraft des Qigong

Harmonie und Ruhe

Als ich zum ersten Mal an einem Qigong-Kurs teilnahm, faszinierten mich zunächst die harmonischen Bewegungen und die konzentrierte Ruhe beim Üben. Nach einiger Zeit spürte ich ein angenehmes Kribbeln und Wärme in meinem Körper. Damit verbunden war ein Gefühl von Lebendigkeit, eine Art Unternehmungslust und von innen kommende Freude – Zeichen, die in der Vorstellung der chinesischen Medizin darauf hindeuten, daß Qi, die Lebenskraft, angeregt worden ist. Nach längerer Übungspraxis erlebte ich Momente tiefer Entspannung und Gelassenheit, Empfindungen von Weite im Körper und von einer Art Kraftfeld um den Körper herum sowie ein intensives Wohlgefühl, das sich während des Übens und danach in mir ausbreitete.

Vor einigen Jahren begann ich, Qigong in meine Atem-, Entspannungs- und Bewegungskurse einzufügen. Mein Vertrauen in diese Übungsweise wuchs, da regelmäßig übende Kursteilnehmer aller Altersstufen eine Steigerung ihres Wohlbefindens und eine Stabilisierung ihrer Gesundheit erlebten.

Es liegt eine sanfte Wandlungskraft im Qigong. Einfache Übungen zeigen tiefgreifende Wirkungen, weil Atem, Bewegung und geistige Sammlung miteinander verbunden werden.

Einfache Übung – tiefgreifende Wirkung

■ Üben Sie also mit der inneren Beteiligung von Herz und Geist – Qigong, mechanisch geübt, ist nicht Qigong.

In China entstanden im Laufe der Geschichte sehr viele Qigong-Formen. In den einzelnen Schulen werden jeweils andere Übungen gelehrt und andere Aspekte betont.

Manche Schulen stehen den Kampfkünsten, manche der Meditation nahe, einige betonen die geistigen, einige die körperlichen Aspekte. Innere und äußere Grundhaltungen sowie einige Prinzipien des Übens gleichen einander.

Ich beschreibe die Übungen in der Weise, die ich von Professor Jiao Guorui als Teil seines Übungssystem »Qigong Yangsheng« gelernt habe. In die Art der Vorbereitung auf die Übungen sind Elemente aus der Atemtherapie eingeflossen; zur Körperwahrnehmung und Lockerung sind diese Übungen für den nervlich angespannten, muskulär verspannten und haltungsgeschädigten Menschen unserer Zeit eine ausgezeichnete Hinführung zum Qigong.

Lockerung zur Vorbereitung

Ziel dieses Buches ist es, Ihnen die innere Haltung des Qigong nahezubringen und Ihnen so erste Erfahrungen mit der harmonisierenden und zugleich kräftigenden Wirkung der Übungen zu ermöglichen.

Was heißt Qigong?

Qi = Lebenskraft, Gong = Übung

Bei Übersetzungen aus dem Chinesischen besteht eine der Schwierigkeiten darin, daß einem chinesischen Begriff oder Zeichen mehrere Bedeutungen in unserer Sprache entsprechen. So hat Qi die Bedeutungen: Atem, Hauch, Energie. In den ersten deutschsprachigen Beschreibungen wurde Qigong mit Atemtherapie übersetzt. Der Atem ist im Qigong aber nur eines der drei wichtigen Elemente, Vorstellungskraft und Haltung sind die beiden anderen. Heute wird Qi meist vereinfachend mit Lebenskraft übersetzt. Nach chinesischer Vorstellung ist Qi eine Kraft, die alles durchdringt, den gesamten Kosmos, jeden Berg, jeden Baum und natürlich auch den Menschen. Qi hält alle Lebensvorgänge in Gang. Leben entsteht, wenn Qi sich sammelt und verdichtet, es geht zu Ende, wenn Qi sich zerstreut. Das Qi des Menschen steht in ständigem Austausch mit dem Qi der Luft, der Umwelt und jenem der anderen Menschen. Qi wird als Energie und zugleich als eine Art Urstoff angesehen, da nach chinesischem Verständnis Energie und Materie nicht voneinander zu trennen sind.

Qi durchdringt den Kosmos

Im Zusammenhang mit der traditionellen chinesischen Medizin komme ich noch einmal auf das Qi und seine Funktionen zurück. Gong bedeutet Übung, beharrliche Arbeit. Mit Hilfe von ausgewogenen Bewegungen und Haltungen, mit geistiger Sammlung und Vorstellungen sowie mit dem sich auf natürliche Weise vertiefenden Atem wird die Wahrnehmung, Harmonisierung und Kräftigung des Qi geübt. Verspannungen, Fehlhaltungen, innere Unruhe sowie andere körperliche oder geistig-seelische Unausgewogenheiten, die den Qi-Fluß behindern, werden durch regelmäßiges Qigong-Üben im positiven Sinne reguliert.

Eine jahrtausendealte Übungsmethode

Ein Ursprung liegt im Heiltanz

Schriftliche Quellen belegen, daß die Übungen, die man heute als Qigong bezeichnet, bereits vor über zweitausend Jahren durchgeführt wurden. In Legenden wird der Ursprung dieser Übungsweise noch weiter zurückdatiert. So soll sich vor viertausend Jahren, zu einer Zeit, in der die Menschen durch klimatische Bedingungen sehr geschwächt waren, ein Heiltanz entwickelt haben: *»Im Anfang des Herrschers Tao Tang staute sich die dunkle Kraft in hohem Grade und sammelte sich in der Tiefe. Der Lauf des Lichten wurde so gehemmt, so daß es sich nicht mehr der Ordnung nach auswirken konnte. Die Stimmung des Volkes wurde trübe und träge. Die Sehnen und Knochen lockerten sich und gehorchten nicht mehr. Da erfand er den Tanz, um die Leute wieder zur Bewegung anzuleiten.«* (zitiert nach Jiao Guorui, Qigong Yangsheng, 1988, Seite 17) Tanzen und tanzähnliche Bewegungen als Bestandteil von Heilungsritualen sowie als Mittel, die Harmonie mit der Natur und dem allem zugrundeliegenden Urprinzip wieder herzustellen, haben in China eine lange Tradition. Häufig enthielten die Tänze nachahmende Elemente von Tierbewegungen. In vielen Qigong-Übungen, vor allem in dem »Spiel der fünf Tiere«, werden die Eigenarten von Tieren, zum Beispiel von Bär, Vogel, Tiger, Hirsch und Affe, nachempfunden, um bestimmte Aspekte und Kräfte im Menschen zu fördern. Der daoistische Gelehrte Zhuangzi schrieb bereits im dritten Jahrhundert vor Christus über solche Übungen sowie über die Bedeutung des Atems: *»Schnauben und den Mund aufsperren, ausatmen und einatmen, die alte Luft ausstoßen und die neue einziehen, sich recken wie ein Bär und strecken wie ein Vogel: das ist die Kunst, das Leben zu verlängern. So lieben es die Weisen, die Atemübungen treiben und ihren Körper pflegen, um alt zu werden wie Vater Pong ...«* (zitiert nach Jiao Guorui, Qigong Yangsheng 1988, Seite 18)

Qigong – über 2000 Jahre alt

Eine frühe bildliche Darstellung von Qigong-Übungen findet sich auf einem über zweitausend Jahre alten Seidenbild: Männer und Frauen sind darauf beim »Dehnen und Leiten des Qi-Flusses« abgebildet. Auch in dem Grundlagenwerk der traditionellen chinesischen Medizin, dem »Huangdi neijing suwen«, im zweiten oder dritten Jahrhundert vor Christus aufgezeichnet, sind die Übungen zum »Leiten des Qi-Flusses« als wirksam zur Gesundheitsvorsorge und zur Behandlung von Krankheiten erwähnt.

Einflüsse dreier Weltanschauungen

Die Entwicklung dieser Übungen wurde im Laufe ihrer langen Geschichte beeinflußt von den drei in China verbreiteten Weltanschauungen: dem Daoismus, dem Buddhismus und dem Konfuzianismus.

- Die daoistische Weltanschauung betont die Einheit von Natur und Mensch, die Entsprechung von Mikro- und Makrokosmos, die stetige Wandlung aller Dinge gemäß der ihnen innewohnenden Gesetzmäßigkeit. Das Dao wird als Quelle des Seins, als Urprinzip des Universums, angesehen. Angestrebt wird ein Leben im Einklang mit den Gesetzen der Natur, eine tiefe innere Gelassenheit sowie der Zustand des Wu-wei, des Nicht-Tuns, des Geschehenlassens. Damit ist keineswegs gemeint, passiv zu sein und nichts zu tun, sondern wach und aufmerksam der natürlichen Entwicklung der Geschehnisse zu folgen, ohne sie zu behindern. Das Bild des Wassers, des Fließenden, sowie die Vorstellung, daß das Weiche das Harte und das Schwache das Starke besiegt, haben im Daoismus und den von ihm beeinflußten Qigong-Formen große Bedeutung. Der bekannteste Vertreter des Daoismus ist Laotse (etwa 300 v. Chr.), dem das »Buch vom Dao« zugeschrieben wird.

Dao – Quelle des Seins

- Der Buddhismus kam im ersten Jahrhundert nach Christus von Indien nach China. Der Chan-Buddhismus, aus dem in Japan der Zen-Buddhismus entstand, betonte die Meditation als Mittel der Erkenntnis und integrierte seit dem sechsten Jahrhundert nach Christus daoistische Elemente und Übungen in sein weltanschauliches System. Von der Schule des chan-buddhistischen Klosters Shaolin erhielten die Entwicklung der Kampfkünste und der gesundheitsfördernden Übungen entscheidende Impulse.

Erkenntnis durch Meditation

- Die Lehre des Konfuzius (551 bis 479 v. Chr.) bezog sich weniger auf die Verbindung von Mensch und Natur, die mystische Versenkung in das Dao, als vielmehr auf das gesellschaftliche Miteinander. Konfuzius betonte das Maßhalten, die Tugendhaftigkeit und das Einfügen in die staatliche Ordnung. Durch richtiges Verhalten sollte der vollkommene Mensch Harmonie mit dem Dao erlangen.

Von diesen Philosophien beeinflußt, entwickelten sich im Verlauf von Jahrhunderten zahlreiche Übungssysteme zur Gesunderhaltung und zur Lebenspflege. Sie lassen sich vereinfachend nach ihrer Zielsetzung ordnen:

Die sanfte Wandlungskraft des Qigong

Übungssystem zur Lebenspflege

- In der Kampfkunst dienen die Übungen zur Kräftigung von Körper und Geist als Basis für eine erfolgreiche Selbstverteidigung.
- Nach religiösem Verständnis sollen die Übungen zu einem möglichst langen Leben verhelfen, um eine hohe spirituelle Entwicklungsstufe erreichen zu können. Die Stärkung und Transformation von Qi soll die Einsicht in die höchsten Dinge, in den Urgrund des Seins, erleichtern. Diese Aspekte waren in buddhistischen wie in daoistischen Klöstern, in denen Qigong über zwei Jahrtausende gelehrt wurde, von Bedeutung.
- Im Zusammenhang mit dem Konfuzianismus werden die Übungen zur Schulung des Charakters und zur Vervollkommnung des wahren Menschen angewendet.
- In der Medizin werden die Übungen eingesetzt zur Behandlung von Krankheiten und zur Vorbeugung, der in China immer schon mehr Aufmerksamkeit gewidmet wurde als in westlichen Ländern.

In der Praxis waren und sind diese Richtungen nie vollständig getrennt voneinander. So werden zum Beispiel die Brokat-Übungen (Seite 62) als Vorbereitung zur Kampfkunst sowie als gesundheitsfördernde Übungen angewendet, gleichzeitig können sie – wie jede Qigong-Übung – als Meditation oder als ein Weg zur Quelle des Seins erlebt werden.

Neuere Geschichte

Ende des 19. Jahrhunderts brachten Missionare die westliche Medizin nach China. Die traditionelle chinesische Medizin existierte weiter, war jedoch nicht sehr angesehen. Erst 1954 veranlaßte Mao Zedong, daß alte medizinische Schriften neu aufgelegt, daß Methoden der traditionellen chinesischen Medizin überprüft und wieder angewendet wurden. Im Zuge dieser Entwicklung gewann auch Qigong als Therapieform an Ansehen. Die Kulturrevolution unterbrach diesen Wiederbelebungsprozeß der traditionellen Medizin für einige Jahre. Qigong war in dieser Zeit nur noch als eine Art Sporttraining erlaubt. Spirituelle Aspekte wurden bei den Übungen ausgeklammert.

Qigong als Therapieform

Nach dem Ende der Kulturrevolution kam es in den achtziger Jahren zu einem Qigong-Boom.

Heute ist Qigong fester Bestandteil der mittlerweile gleichberechtigt neben der westlichen Medizin arbeitenden, traditionellen chinesischen Medizin und wird in China von Ärzten, in Krankenhäusern und Sanatorien angewendet. Neben dem Qigong, bei dem man selbst übt, seine Lebenskraft zu stärken und zu nähren, gibt es eine Form, bei der ein Qigong-Meister andere Menschen mit der Aussendung von Qi behandelt.

Es gibt darüber hinaus das »harte« Qigong, bei dem das Trainieren der Lebenskraft zu spektakulären Leistungen befähigen kann, zum Beispiel: Steine mit dem Kopf zu zertrümmern, sich von einem Lastwagen überfahren zu lassen, ohne Schaden zu nehmen, Gegenstände zu bewegen, ohne sie zu berühren, und so weiter.

Potentiale nutzen

Sowohl im »harten« als auch im »weichen« Qigong geht es darum, die im Menschen ruhenden Potentiale zu nutzen, sei es zur Selbstheilung auf der körperlichen und auf der geistig-seelischen Ebene oder zur Entwicklung ungewöhnlicher Fähigkeiten.

Die traditionelle chinesische Medizin

In der chinesischen Medizin werden Natur und Mensch unter dem Aspekt der in ihnen wirkenden Kräfte betrachtet. Als Grundbedingung für körperlich-geistig-seelische Gesundheit wird die Ausgewogenheit der polaren Kräfte Yin und Yang sowie ein harmonisches Fließen des Qi, der Lebenskraft, angesehen. Durch Mangel oder Übermaß an Yin oder Yang und durch Blockierung des Qi-Flusses können Krankheiten entstehen.

Konzepte der chinesischen Medizin

Die Konzepte der chinesischen Medizin, wie sie heute praktiziert wird, wurden bereits vor über zweitausend Jahren im »Huangdi neijing suwen« grundlegend beschrieben: Yin und Yang, Wandlungsphasen, Funktionskreise, Qi, Leitbahnen, Speicherorte. Ich stelle diese Konzepte kurz vor, um Ihnen einen Eindruck von dem gedanklichen Hintergrund des Qigong zu vermitteln. Im Anhang Seite 92 finden Sie weiterführende Literatur.

Yin und Yang

Elementar für die chinesische Kultur ist die Vorstellung zweier polarer Kräfte, die in der Natur wirksam sind, die einander ergänzen, sich gegenseitig bedingen und miteinander eine Einheit bilden – Yin und Yang. Ursprünglich bedeutete Yin: die nördliche Seite des Berges, Yang: die südliche Seite des Berges. Diese Bezeichnungen wurden im Laufe der Zeit in ihrer Bedeutung erweitert und abstrahiert. So stehen Yin und Yang für alle Polaritäten wie Erde – Himmel, unten – oben, dunkel – hell, kalt – warm, sinken – steigen, weich – hart, weiblich – männlich. Das Leben wird bestimmt vom dynamischen Wechselspiel dieser beiden Kräfte. Nach Aktivität folgt Ruhe, aus der Ruhe entsteht Aktivität. Nach einer Phase des Sich-Öffnens, des Austausches mit anderen, verstärkt sich das Bedürfnis nach innerer Sammlung. Ist der organische Wechsel von Ruhe und Bewegung, von Öffnen und Schließen oder allgemein von Yin und Yang gestört, können Krankheiten entstehen.

Wechselspiel der Kräfte

In dem bekannten Yin-Yang-Zeichen wird dargestellt, wie sich die beiden Aspekte ergänzen. Im weißen Yang-Feld ist der Keim des Yin, im schwarzen Yin-Feld ist der Keim des Yang enthalten. Dieses Kräftespiel wird im Qigong praktisch erfahrbar. Führt man eine steigende Bewegung aus, spürt man in ihr bereits ein inneres Sinken, in jeder öffnenden Bewegung übt man innerlich das Sammeln der Kraft. In jeder Qigong-Übung wird die Ruhe in der Bewegung und die Bewegung in der Ruhe gesucht und kultiviert.

Ruhe in der Bewegung

Wandlungsphasen und Funktionskreise

Nach chinesischer Auffassung sind alle Erscheinungen in der Natur in einen Zyklus von fünf Wandlungsphasen eingebunden, früher fünf »Elemente« genannt: Holz, Feuer, Erde, Metall, Wasser. Ihr harmonisches Zusammenspiel ist für die Gesundheit des Menschen ebenso von Bedeutung wie die Ausgewogenheit von Yin und Yang. Organe und ihnen zugeordnete Funktionen und Strukturen im Körper werden in der chinesischen Medizin als Funktionskreise bezeichnet. Die Funktionskreise »Leber–Galle«, »Herz–Dünndarm«, »Milz–Magen«, »Lunge–Dickdarm«, »Niere–Blase« sind jeweils einer Wandlungsphase zugeordnet und damit unter anderem auch bestimmten Emotionen, Farben, Sinnesorganen. So wird zum Beispiel der Funktionskreis »Leber–Galle« mit der Wandlungsphase Holz, mit der Emotion Wut, der Farbe Grün und dem Sinnesorgan Auge assoziiert.

Zyklus von Wandlungsphasen

In der chinesischen Medizin spielen Entsprechungen und Zuordnungen eine wichtige Rolle bei der Erstellung der Diagnose und in der Therapie. Welche Bedeutung die Entsprechungen im Zusammenhang des Qigong haben, soll ein Beispiel erläutern: Führt man eine Qigong-Übung aus, die den Funktionskreis »Niere« stärkt, so können dadurch der zugeordnete Bereich Rücken wie auch die Emotion Angst positiv beeinflußt werden. Ein starkes Qi im Bereich des Funktionskreises »Niere« kann zu Furchtlosigkeit verhelfen; andererseits wirkt übermäßige Angst schwächend auf die zugeordneten Organe. In der chinesischen Medizin werden psychische und physische Erscheinungen niemals getrennt betrachtet – insoweit besteht eine Ähnlichkeit mit der psychosomatisch orientierten Medizin unseres Kulturkreises.

Psychosomatischer Ansatz

Funktionen des Qi

Das Qi läßt sich am besten durch seine Funktionen erklären. Für die Chinesen bereitet das keine Probleme, da sie eher fragen: Was bewirkt es? als: Was ist es? oder: Aus was besteht es?
Qi ist eine dynamische, alles durchdringende Kraft, die Leben bewirkt und kennzeichnet. Im Menschen hat Qi die Funktionen, zu bewegen, zu wärmen, zu schützen (zum Beispiel Krankheiten abzuwehren), zu bewahren (die innere Ordnung im Körper aufrechtzuerhalten) und zu transformieren (zum Beispiel die Nahrung verfügbar zu machen).

Qi – dynamische Kraft

■ Im Menschen unterscheidet man verschiedene Erscheinungsformen von Qi, zum Beispiel: Das vorgeburtliche Qi kann man am ehesten mit dem vergleichen, was wir als Konstitution bezeichnen. Das nachgeburtliche, das erworbene, Qi entwickelt sich durch das Qi der Nahrung und der Atemluft.
Das Qi sowie Xue (Blut und andere Körpersäfte) zirkulieren im Körper und erreichen in ähnlicher Weise wie der Sauerstoff jede Zelle. Vom ungehinderten Fluß des Qi hängt der Gesundheitszustand des Menschen ab.

Drei »Schätze« des Menschen

Qi, Jing, Shen

Drei elementare Aspekte des Menschen werden als die »drei Schätze« bezeichnet. Ein Aspekt ist das aktivierende, bewegende Qi, die anderen beiden sind Jing und Shen.

- Mit Jing ist eine Art Grundessenz des Lebens gemeint. Als eine angeborene Substanz und zugleich Energie beinhaltet sie die Informationen für Wachstum, Reifung und Fortpflanzung.
- Shen bedeutet Geist, Herz, Bewußtsein. Es hat strukturierende und leitende Funktionen. Ein geschwächtes Shen, kurz gesagt, ein müder Geist, bewirkt eine Schwächung sowohl von Qi als auch von Jing. Umgekehrt nährt ein durch Qigong gekräftigtes Qi das Shen, erzeugt also Klarheit des Geistes und einen ruhigeren Gedankenfluß.

»Wenn wir nun diese drei ›Energieformen‹ qi, jing und shen, die es als Kostbarkeiten des menschlichen Lebens zu bewahren gilt, im Zusammenhang betrachten, fällt auf, daß der Kosmos wie auch der menschliche Körper als Mikrokosmos als ein energetisches System von funktionellen Entsprechungen aufgefaßt werden kann, wobei zwischen Stoff bzw. Körper und Geist nicht unterschieden wird. Das chinesische Verständnis von ›Körper‹ ist daher nicht mit unserer westlichen Auffassung von ›Körper‹ gleichzusetzen.« (Engelhardt, *Die klassische Tradition der Qi-Übungen*, 1987, Seite 6)

Energetisches System

Falls diese Denkweisen Ihnen eher fremd sind, lesen Sie diesen Teil noch einmal, wenn Sie mehr Übungserfahrung haben, die Ihnen das Verständnis erleichtert. Das Qigong-Üben entfaltet seine Wirkung unabhängig davon, ob Sie alle Aspekte der chinesischen Medizin genau verstanden haben.

Leitbahnen – Wege für das Qi

Das Qi fließt nach chinesischer Vorstellung im Körper hauptsächlich auf bestimmten Bahnen, die man anatomisch zwar nicht feststellen, aber spüren kann. Diese Leitbahnen, auch Meridiane genannt, sind netzförmig am gesamten Körper entlang angeordnet. Es gibt zwölf Haupt- und acht Sonderleitbahnen; sie stellen die Verbindungen zwischen der Körperoberfläche und den inneren Organen dar. Auf den Leitbahnen befinden sich Punkte oder »Tore«, durch die der Qi-Fluß auf der Leitbahn sowie in den zugeordneten Organen beeinflußt werden kann. In der Akupunktur wirkt man auf den Qi-Fluß mit Nadeln ein, im Qigong mit Imagination, Atem und Bewegung.

Die Leitbahnen und die Möglichkeiten, über diese auf Beschwerden einzuwirken, wurden vor Jahrtausenden vermutlich durch Erfahrung gefunden. Vielleicht stellte man fest, daß das Reiben der Stirn Kopfweh vertreibt oder der Druck auf bestimmte Finger Verdauungsbeschwerden lindert. Es wird auch erzählt, daß Qigong-Meister in tiefer Versenkung diese Bahnen im Körper wahrnehmen oder mit einem »Röntgenblick« sehen konnten.

Spüren der Leitbahnen

Erstaunlich ist, daß auch heute Qigong-Übende Gefühle von Wärme oder Kribbeln entlang der Meridiane spüren können, ohne diese zu kennen. Leitbahnen und Qi-Fluß kann man also empfinden, obwohl man sie naturwissenschaftlich nicht nachweisen kann.

Dantian – Speicherorte für das Qi

Dantian werden die Speicherorte für das Qi genannt; dorthin lenken Sie während des Übens Ihre Aufmerksamkeit und stellen sich vor, das Qi dort zu sammeln.

Innere Alchimie

Dantian bedeutet Zinnoberfeld. Zinnober war ein wertvoller, in der altchinesischen Alchimie häufig verwendeter Stoff. Bei der Suche nach einem Lebenselixier, das sie unsterblich machen oder zumindest ihr Leben verlängern sollte, experimentierten die Alchimisten mit vielen Materialien. In der »inneren« Alchimie, zu der auch Qigong-Übungen gerechnet wurden, versuchte man, durch diese Übungen das Elixier des Lebens in sich selbst zu finden und zu entwickeln.

»Das spirituelle Heilmittel ist in dir selbst zu finden, warum solltest du es also im Äußeren suchen? Bewahre die Empfänglichkeit des ewigen Leuchtens, und wohin du auch gehst, da entsteht ein Juwelenwald.«
(Chang Po-Tuan, *Das Geheimnis des goldenen Elixiers*, 1990, S. 70)

Die als Dantian, Zinnoberfeld, bezeichneten Bereiche wurden für die innere Alchimie als ebenso wertvoll angesehen, wie das Zinnober für die »äußere« Alchimie«.

Bei der Benennung und Lagebeschreibung der verschiedenen Dantian folge ich dem System von Professor Jiao Guorui, in dem fünf Dantian beschrieben werden.

Die sanfte Wirkungsweise des Qigong

● Das vordere Dantian (Grafik unten) entspricht dem Nabelbereich. Wenn Sie Ihre innere Aufmerksamkeit entspannt dorthin richten, so wirkt dies besonders wohltuend auf den Funktionskreis »Milz–Magen«. Wenn in diesem Buch von Dantian die Rede ist, so ist damit zunächst das vordere Dantian, der Nabelbereich, gemeint. Nach einiger Übungserfahrung verlagert sich die Empfindung von Qi-Sammlung häufig einige Zentimeter nach innen, das heißt, zum mittleren Dantian oder in einen Bereich unterhalb des Nabels, also zum unteren Dantian.

● Das mittlere Dantian (Grafik unten) liegt ein paar Zentimeter im Körper, etwas unterhalb des vorderen Dantians. Wenn Sie sich dorthin zentrieren, kräftigen und nähren Sie Ihr Qi.

● Das untere Dantian (Grafik unten) liegt ungefähr drei Daumen breit unterhalb des Nabels. Der Bereich Qihai, Meer oder Sammlungsort des Qi, wird ein bis zwei Daumen breit unterhalb des Nabels lokalisiert. Sammeln Sie Ihr Qi in einem dieser beiden Bereiche, fördern Sie damit Bauchatmung, Verdauungsfunktion und Nerventätigkeit.

**Vorderes (●),
mittleres (●),
unteres (●),
hinteres (●)
Dantian**

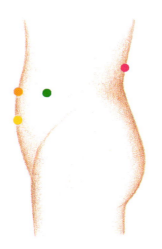
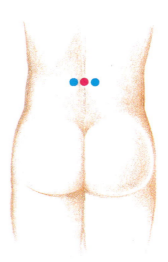

**Hinteres
Dantian (●),
Shenshu-
Punkte (●)**

■ Wichtig ist, daß Ihre Aufmerksamkeit während des Qigong-Übens immer wieder zu dem Körperbereich zurückkehrt, den Sie als Ihre Mitte empfinden, sei dies im Nabelbereich oder etwas darunter.

Die traditionelle chinesische Medizin

● Das hintere Dantian (Grafik Seite 18) liegt zwischen dem zweiten und dritten Lendenwirbel. Dies ist der Bereich des Mingmen, des Lebenstores. Übungen, die diesen wichtigen Bereich betreffen, kräftigen das vorgeburtliche Qi und Jing, die Essenz. Eineinhalb Daumen breit seitlich des Mingmen liegen rechts und links die Shenshu, die »Niereneinfluß«-Punkte. Diese Punkte werden in der ersten abschließenden Übung massiert (Seite 57).

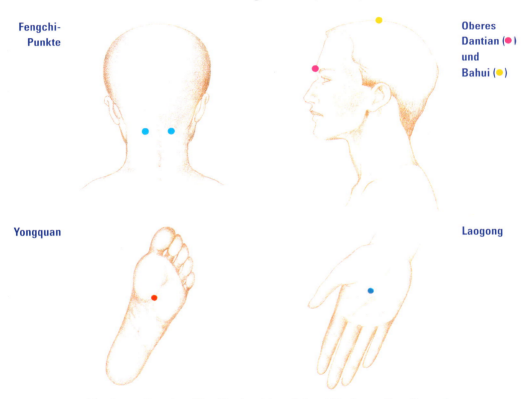

Fengchi-Punkte

Oberes Dantian (●) und Bahui (●)

Yongquan

Laogong

● Als oberes Dantian (Grafik oben) bezeichnet Professor Jiao Guorui Yintang, die »Stempelhalle«, zwischen den Augenbrauen. Lassen Sie die Vorstellungskraft nicht in diesem Bereich verweilen, da es zu unangenehmen Wirkungen wie Kopfdruck kommen kann, wenn das Qi im unteren Körperbereich instabil ist. Das gleiche gilt für den höchsten Punkt des Kopfes, den Bahui, »Hundert Treffen« (Grafik oben).

- Die Fengchi-Punkte, am Schädelrand gelegen (Grafik Seite 19), werden im letzten Teil des Buches im Rahmen einer Massageübung erwähnt (Seite 86).
- Der Bereich Yongquan, die »sprudelnde Quelle« (Grafik Seite 19), liegt in der Fußsohle, in einer leichten Vertiefung in der Mitte des Vorderballens (Seite 85). Während des Übens wird die Vorstellungskraft häufig zu diesen Bereichen in den Fußsohlen gerichtet, wodurch das Qi abgesenkt wird sowie innere Ruhe und Stabilität gefördert werden.
- Der Laogong, »Palast der Arbeit« (Grafik Seite 19), liegt in der Handmitte. Dieser Bereich wird bei jeder Qigong-Übung durch die Handhaltung beeinflußt (Seite 60).

In der grafischen Darstellung sind nur jene Bereiche eingezeichnet, die für die hier vorgestellten Übungen von Bedeutung sind.

Wirkung und Anwendung des Qigong

In China wird Qigong zur Behandlung vieler Erkrankungen eingesetzt. Aus seiner Erfahrung berichtet Professor Jiao Guorui:
»In der klinischen Anwendung erwies sich die Qigong-Therapie u. a. bei folgenden Krankheitsbildern als besonders wirksam: Bluthochdruck, Magen- und Zwölffingerdarmgeschwüre, chronische Leberentzündung, chronische Bronchitis, chronische Verdauungsstörungen, Beschwerden bei Magensenkung, Nervenschwäche, Tuberkulose, Bronchialasthma, Rücken- und Beinschmerzen speziell bei älteren Menschen, Übelkeit in der Schwangerschaft, Eierstockentzündung. Weiterhin kann Qigong zur Schmerzreduktion während der Entbindung eingesetzt werden. ... Bei Tumorerkrankungen spielt die Qigong-Therapie eine unterstützende Rolle.« (Jiao Guorui, Qigong Yangsheng, 1988, Seite 29)

Anwendung in China

Klinische Untersuchungen über den Einfluß von Qigong auf bestimmte Krankheitsbilder wurden in China bereits vor einigen Jahrzehnten durchgeführt. Auch wenn diese Untersuchungen den wissenschaftlichen Kriterien der westlichen Welt nicht entsprechen, so geben sie doch eindeutige Hinweise auf die Potentiale dieser Übungsmethode. In den letzten Jahren ist das Interesse an Qigong in Amerika und Europa stark gewachsen, Anwendungsmöglichkeiten und Wirkungen werden auch hier erforscht.

Wirkung und Anwendung

Qigong wird in Deutschland bereits von einigen Ärzten als unterstützende Maßnahme bei chronischen Erkrankungen und zur Schmerztherapie angewendet. Außerdem wird Qigong in Kliniken angeboten, zum Beispiel in der AOK-Klinik Stöckenhöfe, einer Klinik für Rehabilitation und Prävention, im internistischen und orthopädischen Bereich. Seit 1990 wird dort mit Patienten regelmäßig Qigong Yangsheng geübt, und es wurden positive Wirkungen auf den Blutdruck, das Nervensystem und die Beschwerden an Gelenken und Wirbelsäule festgestellt. Auch in der Psychosomatischen Klinik in Bielefeld wird das Angebot, selbst etwas für die eigene Heilung zu tun, sehr gut angenommen. Eine Ärztin aus dieser Klinik schreibt: »*Qigong Yangsheng hat in unserem Therapieangebot einen berechtigten Platz gefunden. Den Körper und seine inneren und äußeren Bewegungen achtsam wahrzunehmen und regelmäßig zu üben, ist eine neue Erfahrung von der eigenen Mitte, vom eigenen inneren Gleichgewicht, der inneren Aufrichtung, Gelassenheit und Ruhe, auch wenn das anfänglich vielleicht nur für Minuten zu spüren ist. Diese Erfahrung wirkt sich ermutigend auf PatientInnen aus.*« (Veronika Engl, *Jahresheft 1994*, Seite 37)

Anwendung in Deutschland

Auch Teilnehmer der Kurse zur Gesundheitsvorsorge berichten über die positiven Wirkungen des Qigong-Übens: Sie werden ruhiger und konzentrierter, fühlen sich leichter und beschwingter, sie können freier atmen und lernen sich zu entspannen, ohne zu erschlaffen; einige erleben sich mehr als eine »Ganzheit«, voller »Saft und Kraft«, oder sie entdecken ihre Lebensfreude wieder. Häufig wird erwähnt, der Schlaf sei tiefer geworden, nervös bedingte Magenbeschwerden, Rückenschmerzen und Kopfweh hätten nachgelassen. Die Freude darüber, selbsttätig Genesung und Wohlbefinden fördern zu können, stellt eine wichtige Motivation zum Weiterüben dar.

Erfahrungen von Kursteilnehmern

Viele Menschen erleben Qigong auch wie eine Meditation, sie spüren beim Üben eine tiefe Verbindung zu ihrem Wesenskern, zum Wesentlichen. Gleichgültig, ob diese Empfindung als Erfahrung des Göttlichen oder des Urgrundes allen Seins beschrieben wird oder einfach als tiefe Ruhe – in jedem Fall ändert sie das Lebensgefühl.

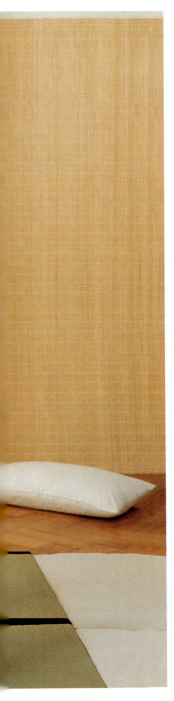

Alles geschieht aus der Ruhe heraus

Auf die richtige Weise ausgeführt, zeigen einfache Qigong-Übungen tiefgreifende Wirkungen, eine sanfte Wandlungskraft, und sie vermitteln wohltuende Erfahrungen: Wärme, Entspannung, Leichtigkeit und das Gefühl, mehr Energie zur Verfügung zu haben. Im Üben wird das dynamische Kräftespiel von Yin und Yang praktisch erfahrbar – im ausgewogenen Wechsel von Ruhe und Bewegung, Anspannung und Entspannung, Ausdehnen und Sammeln.

Über das Üben

Bitte lesen Sie diesen Teil des Buches sorgfältig, bevor Sie zu üben beginnen.

Ihre Übungspraxis

Wann üben?

Kraftvoll den Tag beginnen

Grundsätzlich können Sie zu jeder Tages- oder Nachtzeit üben, die Ihnen angenehm ist. Als besonders geeignet erweisen sich im allgemeinen der frühe Morgen und die Zeit vor dem Schlafengehen. Wenn Sie morgens üben, trinken Sie vorher etwas Tee oder essen Sie eine Kleinigkeit. Qigong soll nicht mit leerem Magen geübt werden, da die Produktion der Verdauungssäfte durch das Üben angeregt werden kann.
Achten Sie darauf, nicht unter Zeitdruck zu üben.
Nach einiger Übungspraxis werden Sie bemerken, daß Sie ruhiger, kraftvoller und mit klarem Kopf den Tag beginnen, wenn Sie sich morgens Ihrer Lebenskraft zuwenden.

Üben Sie abends, so sollten Sie nach der Mahlzeit eine Stunde verstreichen lassen, bevor Sie beginnen. Führen Sie die Bewegungen mit wenig Krafteinsatz aus oder wählen Sie Ruheübungen, die Sie auch im Liegen ausführen können. Spannungen, die sich tagsüber aufgebaut haben, lösen sich leichter, wenn Sie den Tag auf diese Weise abschließen. Sie können so besser in einen wirklich tiefen, erholsamen Schlaf finden.

Wenn Sie abends üben

Wann nicht üben?

Allgemein gilt, daß man in Momenten, in denen man emotional außergewöhnlich bewegt ist, nicht mit dem Üben beginnen sollte. Wenn Sie also gerade sehr aufgeregt, wütend oder auch regelrecht euphorisch sind, versuchen Sie zunächst, durch einen Spaziergang, durch Lockerungs- und Entspannungsübungen oder durch eine klärende Aussprache in einen ausgewogeneren Stimmungszustand zu gelangen, bevor Sie in die Ruhe eintreten und mit dem Qigong beginnen.

Aus der Ruhe üben

Ihre Übungspraxis

Auch wenn es sinnvoll ist, regelmäßig zu üben, sollten Sie sich nie dazu zwingen. Üben Sie zum Beispiel widerwillig oder wenn Sie erschöpft sind, so können sich die wohltuenden Wirkungen des Qigong nicht einstellen.

Bitte beachten Sie

Während aller akuten Erkrankungen und auch bei Grippe, Fieber, Entzündungen und bei Schnupfen (auch wegen der erschwerten Nasenatmung) sollten Sie mit dem Üben aussetzen. Im Zweifelsfall holen Sie sich Rat bei Ihrem Arzt.
Wenn Sie unter Depressionen leiden oder wenn andere psychische Probleme vorliegen, besprechen Sie mit Ihrem Therapeuten, ob Qigong Ihre Gesundung unterstützen kann. Auf jeden Fall sollte in diesen Situationen immer unter Anleitung eines Qigong-Lehrers geübt werden.
Frauen während der Menstruation und Schwangere sollten mit weniger Krafteinsatz als sonst Qigong üben. Breite Standhaltungen wie in der Übung »Nach links und rechts den Bogen spannen« (Seite 65) sollten sie nur mit leicht gebeugten Knien ausführen. Außerdem sollen Sie die Aufmerksamkeit nicht in Körperbereichen unterhalb des Nabels sammeln.

Wo üben?

Suchen Sie sich einen Platz in Ihrer Wohnung oder im Freien, wo Sie angemessenen Raum für Bewegungen und die Möglichkeit zu Ruhephasen haben. Besorgen Sie sich eine dickere Decke, wenn Sie im Liegen, einen einfachen Hocker, wenn Sie im Sitzen üben wollen. Verabreden Sie mit Familienmitgliedern, Partner oder Mitbewohnern, daß Sie auf keinen Fall gestört werden wollen. Stellen Sie sich innerlich darauf ein, nur noch Zeit und Raum für sich zu haben. Lüften Sie gründlich oder lassen Sie das Fenster geöffnet, Zugluft allerdings sollten Sie vermeiden. Falls Sie im Freien üben wollen, was einen besonderen Reiz hat, schützen Sie sich vor Wind und stärkerer Sonneneinstrahlung.

Zeit und Raum für sich selbst

Wie lange üben?

Nehmen Sie sich als Anfänger erst einmal vor, ein- bis zweimal täglich zehn Minuten zu üben. Es ist oft sinnvoller, eine kürzere Übungszeit tatsächlich in den Tagesablauf zu integrieren, als sich ein großes Programm vorzunehmen, für das man dann nur selten Zeit findet.
Wenn Freude und Interesse am Qigong wachsen, sollten Sie zwanzig bis dreißig Minuten ein- bis zweimal am Tag dafür freihalten. Dann wird es auch

Anfänger

Erfahrene

Über das Üben

leichter, in den »Qigong-Zustand« zu gelangen, in dem Ruhe, Kraft und geistige Klarheit zusammenwirken. Wenn Sie Ihre Gesundheit besonders fördern wollen oder Qigong als einen Weg der Selbsterfahrung und -schulung wählen – wie die Wege der Kampfkünste oder der Meditation –, können sich auch längere Übungszeiten ergeben. In chinesischen Sanatorien wird zur gezielten Therapie von Krankheiten dreimal täglich eine Stunde und länger geübt. Wichtig ist, daß Sie möglichst regelmäßig üben, unabhängig davon, ob Sie sofort Veränderungen spüren. Etwas Ausdauer und Vertrauen in die Entwicklungsmöglichkeiten des eigenen Qi sind notwendig, um tiefgreifende Wirkungen zu erzielen.

Regelmäßig üben

Tägliches Üben – auch wenn es nur zehn Minuten sind – kann Ihr Leben bereits positiv beeinflussen. Qigong aktiviert die in Ihnen liegenden Kräfte, vor allem die Selbstheilungskräfte.

Wie sich auf das Üben vorbereiten?

Ziehen Sie sich bequeme Kleidung an, die um Bauch und Hals locker ist und die Atmung nicht einschränkt. Achten Sie darauf, daß Ihre Füße und der Nierenbereich warm sind. In China schützt man sich mit mehreren Schichten Kleidung gewissenhaft vor Witterungseinflüssen wie Kälte, Feuchtigkeit, Wind und Hitze, die zu Krankheitsfaktoren werden können. Üben Sie weder mit einem vollen noch mit einem leeren Magen.

Vor Kälte schützen

Bringen Sie die Tätigkeit, mit der Sie vorher beschäftigt waren, zu einem gewissen Abschluß, oder legen Sie sie in Gedanken bewußt zur Seite, so daß Sie während des Übens möglichst nicht an Arbeit und Probleme denken.

Und nach dem Üben?

Lassen Sie die Übungen langsam ausklingen und genießen Sie noch einige Augenblicke die Nachwirkungen. Oft wird empfohlen, noch ein wenig umherzugehen. Sollte es Ihnen aber guttun, sich zu setzen, hinzulegen oder in einer anderen Haltung Ihren Empfindungen nachzuspüren, so ist das ebenfalls möglich. Nachspüren bedeutet, nach innen zu lauschen und – ohne etwas verändern zu wollen – wahrzunehmen, wie sich Körperhaltung, Atem und Stimmung verändert haben. Sie lernen sich selbst auf diese Weise besser kennen, und

Die Nachwirkungen genießen

PRAXIS
Die innere Haltung

Sie bekommen mehr Kontakt zu Ihrer »inneren Stimme«, die meist weiß, was gut für Sie ist. Da sich das Qi nach dem Üben in den Händen angereichert hat, ist dies ein guter Zeitpunkt, um sich selbst den Lendenbereich (Seite 84), das Gesicht (Seite 40) oder einen schmerzenden Körperbereich zu massieren.

Die innere Haltung

Im Qigong ist die innere Haltung Gelassenheit – allerdings wird Gelassenheit durch Leistungsdruck verhindert. Strengen Sie sich nicht zu sehr an, jedes Detail der Übungen korrekt ausführen zu wollen. Geben Sie sich Raum und Zeit, Ihre Lebenskraft zu spüren, fließen zu lassen und durch Qigong zu stärken.
Gehen Sie möglichst spielerisch mit Qigong um.
Üben Sie mal eher unter dem Aspekt, es »richtig« zu machen, mal mit der Betonung auf Geschehenlassen und Wohlbefinden.
Auch um die Eleganz der Bewegungen sollten Sie sich nicht übermäßig bemühen, die natürliche Anmut entsteht nach längerer Übungspraxis von selbst

Kein Leistungsdruck!

aus der heiteren Gelassenheit, der geistigen Sammlung und der mühelos ausgeführten Bewegung. In der über zweitausend Jahre alten Schrift »Huangdi neijing suwen«, ein Klassiker der chinesischen Medizin, heißt es: »*Wenn man gelassen und frei von Wünschen ist, erhält man sich das Wahre Qi (...), wenn man die geistigen Kräfte im Inneren bewahrt, wie könnte Krankheit einen da angreifen.*« (zitiert nach Jiao Guorui, *Qigong Yangsheng*, Seite 19, 1988)

Entspannte Aufmerksamkeit

Üben Sie konzentriert und doch entspannt. Da es in der chinesischen Medizin um die Ausgewogenheit von Yin und Yang geht, wird immer an »beide Seiten der Münze« gedacht und nie nur ein Aspekt betont (Seite 14).
Der Umgang mit der Vorstellungskraft wird bestimmt durch eine sanfte Art der Konzentration, die nicht einschränkt, sondern mit einem angenehmen Gefühl der Weite verbunden ist. Ein solches »Feld« wacher und entspannter Achtsamkeit erleichtert es dem Qi, sich auszubreiten und sich selbst zu regulieren.

Eine sanfte Art der Konzentration

Über das Üben

Die Kraft des Geistes einsetzen

Wenn Sie Ihre Aufmerksamkeit zum Dantian, Mingmen oder auf andere Körperbereiche richten, stellen Sie sich Flächen und Bereiche vor. Wenn Sie »stehen wie ein Baum« (Seite 49), so lassen Sie das Bild wirken – ein bißchen wie ein Traumbild, an das Sie sich noch schemenhaft erinnern –, konzentrieren Sie sich, aber lassen Sie die Vorstellung immer wieder los. Diese Bilder, Vorstellungen von Kraft, sollen vage, nicht zu genau, sein. Zu exakte Vorstellungen können Beklemmungsgefühle und Spannungen auslösen und die innere Ruhe verhindern.

■ Wenn in diesem Buch davon die Rede ist, Achtsamkeit, Aufmerksamkeit, die Gedanken und die Vorstellungskraft auf Bilder, Körperbereiche und Kraftaspekte zu richten, ist immer diese Art geistiger Sammlung und Konzentration gemeint. Im Qigong wird die Kraft des Geistes behutsam eingesetzt, da Atem und Qi empfindlich auf Anspannung und »Kopflastigkeit« reagieren.

Den Atem fließen lassen

Normalerweise spüren Sie Ihren Atem meist nur dann, wenn Sie ihn in Belastungssituationen anhalten, wenn Sie beim Laufen außer Atem geraten oder wenn Ihnen vor Schreck »die Luft wegbleibt«. Möglicherweise haben Sie manchmal das Gefühl, flach zu atmen, nicht frei durchatmen zu können. Fühlen Sie in diesem Moment Ihren Atem? Wo bewegt er sich? Schließen Sie Ihre Augen und lauschen Sie in sich hinein. Spüren Sie Ihren Atem im Brustkorb, in den Flanken, im Bauch, fließt er selbstverständlich, leicht, kraftvoll, hat er Raum in Ihnen, das heißt, kann er sich ausbreiten?

Den Atem spüren

Durch die Wahrnehmung des Atems kann ein Impuls entstehen, sich zu bewegen oder die Haltung zu ändern. Geben Sie ihm nach. Lauschen Sie Ihrem Atem jetzt ein paar Minuten mit entspannter Aufmerksamkeit. Meist verändert sich der Atem, wenn man sich ihm auf diese Weise zuwendet, er wird ruhiger, er dehnt sich mehr aus.

■ Grundanweisung im Qigong: Den Atem natürlich fließen lassen, ohne anfangs mehr zu tun, als ihn immer mal wieder wahrzunehmen und dann wieder zu vergessen.

Den Atem wahrnehmen

Im Qigong vertieft sich durch das Zusammenspiel von Ruhe, Haltung, fließenden Bewegun-

Die innere Haltung

gen und Vorstellungskraft der Atem von allein. Ziel ist ein sanfter, gleichmäßiger, feiner Atem, der sich im ganzen Körper verteilt. »*Nur ein Bettler atmet mit der Lunge, der König mit der großen Zeh'!*« besagt ein chinesisches Sprichwort. Tatsächlich gibt es nicht nur die äußere Atmung der Lunge, sondern auch die innere Atmung, die sich in den Zellen abspielt. Die Entwicklung der richtigen Atemweise wird unterstützt, wenn Sie daran denken, daß Atmen in jeder Zelle stattfindet, selbst in der großen Zehe. Als höchstentwickelte Atemweise gilt im Qigong ein subtiler, feiner Atem, den man von außen als Bewegung kaum noch wahrnehmen kann.

Atem findet in jeder Zelle statt

▶ Lassen Sie während des Übens den Atem durch die Nase ein- und ausströmen. Ausatmen können Sie jederzeit auch durch den Mund, wenn Ihnen das angenehmer ist.

Wenn Sie einige Zeit Qigong geübt haben, werden Sie bei sich häufiger die natürliche Bauchatmung wahrnehmen können. Dabei dehnt sich der Bauch beim Einatmen aus und zieht sich beim Ausatmen wieder leicht nach innen, ohne daß Sie bewußt etwas dazu tun.

Bitte beachten Sie

Der Atemfluß kann durch körperliche und seelische Faktoren eingeschränkt oder behindert werden. Fehlhaltungen und Verspannungen erschweren das Atmen, und es kann vorkommen, daß gerade Ruhe und Langsamkeit beim Üben Kurzatmigkeit oder ein Gefühl von Atembeklemmung verstärken; wenn man zum Beispiel in einer Gruppe versucht, einem vorgegebenen, gemeinsamen Atemrhythmus zu folgen oder wenn man innerlich sehr angespannt ist. Lockern Sie sich in diesem Fall durch ausgiebiges Dehnen, gähnen Sie, entlassen Sie den Ausatem ein paarmal durch den Mund, erzeugen Sie Töne, seufzen und stöhnen Sie, wenn Ihnen danach zumute ist. Mit dem Ausatem – vor allem, wenn er weich durch den Mund entlassen wird – lassen sich Spannungen lösen. Haben Sie Geduld; durch das Üben wandelt sich allmählich die Körperstruktur. Trauer, Freude, Angst und Müdigkeit beeinflussen den Atem, in ihm drückt sich Ihre Seele aus. Gehen Sie also respektvoll mit Ihrem Atem und somit mit sich selbst um, forcieren Sie nie etwas und versuchen Sie nicht, möglichst tief oder möglichst langsam zu atmen.

Diese Art der Atmung wirkt beruhigend auf die Nerven, massiert innerlich alle Organe, fördert die Verdauung und verbessert die Sauerstoffversorgung des Körpers. Nach einer Weile spüren Sie eine schwingende

PRAXIS

Über das Üben

Schwingende Ruhe im Atem

Ruhe zwischen jedem Aus- und Einatem, jedem Ein- und Ausatem, eine erholsame Pause, die im Qigong für Fortgeschrittene durch Innehalten und Anhalten des Atems etwas verlängert wird.
Zunächst aber ist es wichtig, ein Gefühl für Ihren Atemkörper zu bekommen und sich in ihm auszubreiten.

▶ Denken Sie immer wieder an Weite, Wasser, Wellen, an ausgedehnte Landschaften. Lauschen Sie Ihrem Atem wie dem Meer oder einem Fluß.

Unten fest, oben leicht

Ein wichtiges Element im Qigong ist die Verteilung der inneren Kraft: oberhalb des Nabels drei, unterhalb sieben Anteile Kraft. Spüren Sie kurz in sich hinein. Welche Bereiche fühlen sich voll und fest, welche leicht und leer an? Wo sitzt Ihre Kraft hauptsächlich?
In einem Kurs stellte eine ältere Dame nach so einer kurzen Selbsterforschung fest: »Bei mir sind das ja eher oben neun Anteile und unten nur ein Anteil Kraft!« Sie hatte vorher noch nie über Kraftverteilung im Körper nachgedacht. Als sie zu empfinden versuchte, was damit gemeint sein könnte, bemerkte sie, daß sich ihr Kopf und ihr Brustbereich dichter, gestauter, anfühlen. In der chinesischen Medizin entspräche dieser Zustand dem Begriff »obere Fülle«. Vereinfacht gesagt ist damit eine übermäßige Qi-Ansammlung im oberen Körperbereich gemeint, die mit einer relativen »Leere« im unteren Bereich einhergeht. Um einen Ausgleich herzustellen, versucht man im Qigong, Spannungen und gestautes Qi nach unten fließen zu lassen, Becken und Beine zu stärken, sich zu verwurzeln und das Qi im Dantian zu sammeln.

Wo sitzt Ihre Kraft?

■ Im Qigong wird die Stabilität der Körperbasis betont. Untere Festigkeit zu entwickeln, ist Bestandteil jeder Qigong-Übung. Es heißt: »Yin ist die Wurzel des Yang«. Im unteren Körperbereich (Yin) entspringt nach chinesischer Vorstellung die Kraft, die sich oben (Yang) entfaltet. Der untere Körperbereich sollte sich also fest verwurzelt und kraftvoll anfühlen, der obere locker, leicht und leer.

Yin ist die Wurzel von Yang

Die innere Haltung

In der Mitte sein

Die innere Sammlung wendet sich im Qigong immer wieder zum Nabelbereich, dem Zentrum des Körpers. Sie ruhen im Dantian, »schauen« innerlich zu Ihrer Mitte, verankern sich dort, zentrieren sich. Wählen Sie die Formulierung, die eine angenehme Empfindung bei Ihnen auslöst.

Nicht nur für die Vorstellungskraft ist das Dantian das Zentrum, sondern auch für alle Bewegungen. Hier entsteht jede Bewegung, breitet sich aus und kehrt wieder zur Mitte zurück. Sich vom Körpermittelpunkt aus zu bewegen, ist effektiv und energiesparend, die natürlichste Weise, sich zu bewegen. Zur Mitte hin orientierte Bewegungen wirken tief auf die seelische Verfassung, sie beruhigen, stabilisieren, sammeln Geist und Qi.

Natürliche Bewegungsweise

■ Jede Übungssequenz beginnt und endet mit der Sammlung des Qi im Dantian, nach dem Üben wird das Qi hier gespeichert. Beenden Sie nie eine Übung, ohne sie mit einer Abschlußübung innerlich abzuschließen. Die kürzeste Form: Die Hände auf das Dantian legen und die Gedanken einen Moment dorthin wenden.

Fließende Bewegungen

Im Qigong dienen die harmonischen Bewegungen dazu, das Verhältnis von Yin und Yang auszugleichen und das Qi auf den Meridianen in Fluß zu bringen. Die Bewegungen sind immer kreisförmig und fließend, die Gelenke sind geöffnet und durchlässig. Gelenke sind Übergänge oder Tore, in denen das Qi blockiert werden kann, deshalb sollen sie weder abgeknickt noch durchgestreckt werden. Auch in der Schulmedizin weiß man, daß die geschmeidigen Bewegungen die Gelenke »ernähren« und zur Vorbeugung und Behandlung von Gelenkerkrankungen sehr geeignet sind. Im Qigong sollen damit auch die Leitbahnen sanft gedehnt und die Akupunkturpunkte im Bereich der Gelenke massiert werden.

Sanfte Bewegung »ernährt« die Gelenke

Ohne Eile

Qigong wird meist langsam geübt. Lassen Sie sich Zeit und nehmen Sie das Qi im Körper wahr. *»Das Feste ist die Wurzel des Leichten, das Ruhende ist Meister der Eiligen.«* (Laotse) Versenken Sie sich ins Üben und beobachten Sie entspannt Ihre inneren Vorgänge. Wenn die zeitlupenartigen Bewegun-

Über das Üben

gen Sie nervös machen, üben Sie zunächst etwas schneller, bis Sie aus Ihrem gewohnten Tempo allmählich in einen langsameren Rhythmus hineinfinden.

Empfindungen beim Üben

Wirkung des Qigong

Häufige Empfindungen beim Üben sind Wärme, angenehme Entspannung, Leichtigkeit im Körper, wohliges Kribbeln und manchmal ein Jucken auf der Haut. Dies sind Anzeichen dafür, daß Ihr Üben bereits Wirkung zeigt: Das in Bewegung gebrachte Qi verursacht diese Empfindungen. Wenn Sie sich plötzlich voller Leben, erfrischt und aktiv fühlen, freuen Sie sich über die Wirkung des Qigong, erwarten Sie aber nicht, daß der gleiche Effekt nun nach jedem Üben auftritt. Vermehrter Speichelfluß, Gähnen und Grummeln im Bauch deuten auf Entspannung und Anregung des Verdauungssystems hin und sind sehr zu begrüßen. Schlucken Sie den Speichel, die »Jade-Flüssigkeit«, in Gedanken bis zum Dantian hinunter. Sie fördern damit die Umwandlung und die Aufnahme des in der Nahrung enthaltenen Qi. Lassen Sie das Gähnen ausgiebig zu, es ist eine spontane Tiefatmung, die den gesamten Körper entspannt. Nach längerem Üben ist ein leichter Schweißfilm auf der Haut ebenfalls eine normale und erwünschte Erscheinung. Bei Anfängern werden die Finger manchmal kalt statt warm. Dies kann an der zu starken Konzentration auf die neue Methode liegen und gibt sich mit der Zeit.

Bitte beachten Sie

Sollten beim Üben Kopfschmerzen, Schwindel, Ohrensausen, Herzklopfen oder andere unangenehme Empfindungen auftreten, schließen Sie die Übung ruhig ab, dehnen Sie sich oder ruhen Sie aus. Achten Sie das nächste Mal besonders auf Ihr Wohlbefinden. Denken Sie daran, sich nicht anzustrengen und den Atem nicht zu »machen«.
Schmerzen während des Übens die Beine oder der Rücken, so ändern Sie Ihre Haltung. Lockern Sie sich, atmen Sie ein paarmal sachte aus.
Wenn Ihnen das nicht hilft, schließen Sie die Übung ab. Dehnen Sie sich, machen Sie die Entlastungsübung für den Lendenbereich (Seite 42).
Treten Beschwerden beim Üben wiederholt auf, fragen Sie Ihren Arzt um Rat oder lassen Sie Ihre Haltung von einem/einer erfahrenen Qigong-Lehrer(in) korrigieren.

Aufbau des Übungsprogramms

Nachdem Sie jetzt Hintergrund, Ziele und Grundprinzipien kennengelernt haben, verschaffen Sie sich einen Überblick über die verschiedenen Übungen. Gehen Sie beim Aufbau des Übungsprogramms Schritt für Schritt, langsam und bewußt vor:

- Beginnen Sie Ihre Übungsabfolge nach Bedarf mit Lockerungs- und Entspannungsübungen.
- Wählen Sie dann eine Übung in Ruhe (Seite 44) oder in Bewegung (Seite 49).
- Kombinieren Sie die Bewegungsübungen mit je einer Vorbereitungs- und einer Abschlußübung.

Bleiben Sie einige Zeit bei denselben Übungen, bis Sie nicht mehr über deren Ablauf nachdenken müssen und sie »im Körper gespeichert« sind. Wenn in einer einfachen Übung, zum Beispiel »Reguliere den Atem, beruhige den Geist« (Seite 55) die Bewegung des Körpers, der Atemrhythmus, die Vorstellungskraft und das Qi mühelos zusammenspielen und Sie das Gefühl bekommen, »in Fluß zu sein«, dann kann diese Erfahrung den Zugang zum Verständnis aller weiteren Übungen eröffnen.

Es kann hilfreich sein, sich die Übungsbeschreibungen langsam vorlesen zu lassen und danach zu üben. Sie können die Texte auch selbst auf ein Tonband sprechen und dieses zum Üben abspielen. Falls es Ihre Entspannung unterstützt, ist es möglich, mit leiser Musik zu üben.

Wenn Sie außer Qigong Yoga, Gymnastik, Krafttraining oder ähnliches üben, vermischen Sie die Übungen aus den verschiedenen Systemen nicht. Da alle Übungssysteme die Energie auf unterschiedliche Weise in Bewegung bringen, ist es notwendig, sich immer wieder Zeit zu lassen, damit die eingeleiteten Veränderungen in das körperlich-seelisch-geistige Gefüge integriert werden können. Meditation, Entspannungs- und Lockerungsübungen hingegen eignen sich als Vorübung zum Qigong.

Übungen im Körper »speichern«

Mit Musik üben

Die drei Grundhaltungen

Qigong übt man im Liegen, Sitzen und Stehen. Die Grundhaltungen – vor allem die im Sitzen und Stehen – bewußt aufzubauen, stellt eine ausgezeichnete Haltungsschulung dar.

Erholsame Haltung
■ In allen Grundhaltungen gelten dieselben Anweisungen für das Gesicht: So gelöst wie möglich, die Augen sind locker geschlossen, oder der Blick ist entspannt in die Ferne gerichtet, ohne zu fokussieren.

Liegende Grundhaltung

In dieser Haltung führt man vor allem Entspannungs- und Ruheübungen oder Bewegungsübungen in Gedanken aus. Wenn Sie erschöpft oder krank sind, können Sie sich in dieser Haltung besonders gut erholen oder einen tiefen, erfrischenden Schlaf finden.

▶ Legen Sie sich – flach auf dem Rücken – auf den Boden oder auf eine nicht zu weiche

Unterlage. Die Beine sind locker ausgestreckt. Die Arme liegen entspannt neben dem Körper, die Finger sind natürlich gebogen, nicht ausgestreckt (1). Eine andere Möglichkeit ist, die Hände übereinander auf das Dantian zu legen.
Falls Sie häufig Schmerzen im Lendenbereich haben, können Sie mit einer zusammengeroll-

Liegende Grundhaltung (1), (2)

Sitzende Grundhaltung

ten Decke unter den Kniekehlen den Rücken entlasten. Unter den Kopf können Sie ein kleines Kissen legen.
Lassen Sie sich tragen, kommen Sie zur Ruhe, beginnen Sie mit der Übung.
● Variante: Legen Sie sich auf die Seite, am besten auf die rechte, um das Herz zu entlasten. Das rechte Bein ist ausgestreckt, das linke liegt leicht angewinkelt darauf, der Kopf ist von einem Kissen gut unterstützt. Der rechte Arm liegt angewinkelt vor dem Körper, der linke auf der linken Körperseite (Foto (2), Seite 34).

Sitzende Grundhaltung

Kraftaufbauende Haltung

Die sitzende Grundhaltung eignet sich gut für Menschen, für die längeres Stehen zu anstrengend ist. Sie können alle Ruhe- und Bewegungsübungen im Sitzen durchführen. Diese Haltung ist kraftaufbauend, die Wirbelsäule kann sich aufrichten, der Rücken wird gestärkt, die Füße können das Verwurzeln in den Boden trainieren. Da Sie in dieser Haltung nicht so schnell ermüden, können Sie die Übungen intensiv durchführen und den inneren Empfindungen nachspüren. Das stabile Sitzen ist die ideale Vorbereitung für das stabile Stehen.

▶ Setzen Sie sich auf die Kante eines Hockers oder Stuhles mit gerader Sitzfläche. Die Oberschenkel sind nicht belastet, Sie sitzen auf den beiden Sitzknochen. Ihre Füße stehen in schulter- oder hüftbreitem Abstand parallel nebeneinander flach auf dem Boden. Der Winkel zwischen Ober- und

Sitzende Grundhaltung

Unterschenkel soll neunzig bis hundert Grad betragen. Ihre Hände liegen mit den Handflächen auf den Oberschenkeln oder übereinander auf dem Dantian. Ihre Oberarme liegen dem Körper nicht an.

Die drei Grundhaltungen

Entspannt sitzen

● Verlagern Sie Ihr Gewicht hinter die Sitzknochen, machen Sie den Rücken zunächst richtig rund, lassen Sie den Kopf hängen, dann richten Sie langsam das Becken, die Wirbelsäule, den Schultergürtel und zuletzt den Kopf wieder auf. Sitzen Sie aufgerichtet, aber entspannt. Der Bereich Bahui am Scheitel ist zum Himmel gerichtet, die Yongquan in den Fußsohlen sind mit dem Boden verbunden. Denken Sie an Ihr Dantian. Ihr Lendenbereich fühlt sich gelöst an, der Atem kann sich in diesem Raum ausbreiten, der Bereich des »Lebenstores« ist weit und entspannt.

■ Mit »gerade« sitzen oder stehen ist nie eine aufrecht-steife Haltung gemeint, also keinen »Stock verschlucken«! Lassen Sie die Wirbelsäule schwingen und wachsen, sich innerlich zwischen Himmel und Erde ausdehnen. Im Bereich des Bahui ziehen Sie sich in Gedanken an den Haaren etwas nach oben, dann lassen Sie wieder los. Entspannen Sie sich um die Wirbelsäule herum, ohne zusammenzusacken. Streichen Sie ein paarmal mit den Händen von oben nach unten über Ihr Brustbein, Ihre Brustmitte, und entlassen Sie dabei alle Spannung mit dem Ausatem. Das hilft, ein gelöstes Gefühl in diesem Bereich zu bekommen. Das Brustbein sollte weder nach innen gezogen, noch nach vorne geschoben sein.

■ Variante: Sie können auch im Schneidersitz üben, wenn Ihnen diese Haltung vertraut ist. Allerdings erleichtert das Sitzen auf dem Hocker die Durchblutung sowie den Durchfluß des Qi in den Beinen und das Verwurzeln der Fußsohlen mit dem Boden.

Stehende Grundhaltung

Von den drei Grundhaltungen erfordert diese naturgemäß die meiste Kraft. Erfahrene Qigong-Praktizierende stehen zwanzig bis dreißig Minuten lang wie »ein Baum«, um das Qi zu sammeln und zu nähren. Anfänger führen diese Übung höchstens ein bis zwei Minuten lang aus. Steigern Sie Ihr Standvermögen langsam, aber überfordern Sie sich nicht.
Hier wird der Aufbau der stehenden Haltung mit den Händen auf dem Dantian beschrieben. Nehmen Sie diese Haltung ein, wenn Sie zwischen den

Überfordern Sie sich nicht!

PRAXIS
Stehende Grundhaltung

Übungen ausruhen wollen oder wenn Sie keinen anderen Übergang von einer Übung zur nächsten kennen.

▶ Stehen Sie im schulterbreiten Stand, die Füße sind parallel nach vorn ausgerichtet. Verlagern Sie Ihr Gewicht so, daß es auf beiden Füßen gleichmäßig verteilt ist.

● Strecken Sie zunächst die Beine durch, legen Sie eine Hand auf den Bauch, eine auf den Rücken in Höhe der Lendenwirbel. Erfühlen Sie die Haltung des Beckens, streichen Sie über Ihren Lendenbereich. Spüren Sie eine Rundung des unteren Rückens oder ein Hohlkreuz?

Erfühlen Sie die Beckenhaltung

● Nun beugen Sie leicht die Knie, als wollten Sie sich auf die Kante eines hohen Hockers oder »auf eine Wolkenbank« setzen. Neigen Sie den Kopf nach vorne oder schauen Sie nach unten. Ihre Knie sollten direkt über den Fußmitten sein – das ist wichtig für die richtige Belastung der Gelenke.

● Richten Sie den Kopf wieder auf. Ertasten Sie die veränderte Haltung von Becken und Rücken. Der Lendenbereich sollte sich entspannter, länger und gerader anfühlen (1).

● Die Vorstellung von einem kleinen Gewicht, das am Steißbein hängt, kann es Ihnen erleichtern, die richtige Haltung zu finden. In der Grundhaltung wird weder das Gesäß nach hinten gedrückt, noch das Becken

Stehende Grundhaltung (1)

Stehende Grundhaltung (2)

Die drei Grundhaltungen

nach vorne geschoben. Die Wirbelsäule, die »Himmelssäule«, richtet sich auf. Der Nacken ist lang. Die Arme hängen seitlich am Körper herab.
- Heben Sie Schultern und Arme an, lassen Sie sie dann sinken. Behalten Sie Raum unter den Achseln. Stellen Sie sich vor, Bälle in den Achselhöhlen zu halten.

Bälle unter den Achseln tragen

- Legen Sie die Handmitten übereinander auf das Dantian und finden Sie dort Ihren Schwerpunkt. Nehmen Sie einen Moment die Haltung wahr (Foto **(2)**, Seite 37). Im Qigong »sitzen« Sie auch im Stehen.

Das Stehen mit leicht gebeugten Knien entlastet den Rücken, lindert Schmerzen und verbessert die Beweglichkeit.

▶ Erweiterung: Sobald Ihnen die beschriebene Haltung vertraut ist, können Sie auch an die schließende innere Kraft im Becken denken. Um ein Gefühl dafür zu bekommen, streichen Sie ein paarmal mit den Händen breitflächig vom Lendenbereich über die Hüften nach vorne zum vorderen Dantian, als wollten Sie Kraft zum Dantian schieben. Sie können das Gefühl des Sammelns verstärken, indem Sie den Becken-

Inneres Schließen

Bitte beachten Sie

- Wenn Sie Schmerzen in den Beinen bekommen, haben Sie möglicherweise die Knie zu stark gebeugt. Es geht nicht darum, in einer möglichst tiefen Haltung zu üben, sondern darum, den Rücken zu entspannen, in den Gelenken durchlässig zu bleiben und das Qi abzusenken.
- Wenn Sie Schmerzen im Rücken haben, korrigieren Sie Ihre Haltung, versuchen Sie, die Schmerzen durch geschmeidiges Spielen mit den Bewegungsmöglichkeiten Ihres Beckens aufzulösen. Wenn das nicht hilft, massieren Sie den Lendenbereich (Seite 84), oder üben Sie eine Zeitlang im Sitzen weiter.

boden leicht zusammenzuziehen. Der Bauch zieht sich dabei etwas nach innen. Auch zwischen den Knien stellt man sich eine leichte, schließende Kraft vor. Nehmen Sie dieses Zusammenhalten der Kraft in Ruhe wahr. Lassen Sie wieder los.

Erinnern Sie sich beim Qigong-Üben manchmal an das mit dem inneren Schließen verbundene Gefühl.

■ Spannen Sie Beckenboden, Anus und Bauch nie so fest an, daß der Atemfluß behindert wird.

Lockerungs-
übungen

Damit Sie die tiefe Wirkung von Qigong erfahren, ist es notwendig, den ersten Schritt, das Zur-Ruhe-Kommen und Entspannen, bewußt und ausgiebig zu üben.
Wir alle sind in unserem Alltag mehr oder weniger »gestreßt«, und es gelingt uns nicht immer unmittelbar, die angestauten Spannungen und die Blockaden zu lösen.
Die nachfolgend dargestellten Übungen erleichtern den Übergang vom Alltag zum Üben und helfen, Körperbereiche, die beim Qigong-Üben manchmal Schwierigkeiten bereiten, gezielt zu lockern und bewußtzumachen.

Körperbereiche lockern

▶ Sie können diese Übungen nacheinander ausführen oder sich einzelne heraussuchen. Ausgangsposition ist die liegende, die sitzende oder die stehende Grundhaltung (Seite 34 bis 38).

Lustvolles Dehnen

Im Liegen, Sitzen oder Stehen. Diese Übung eignet sich als Aufwärm- oder Aufwachübung.

▶ Die natürlichste Art, Spannungen zu lösen, ist das ausgiebige Dehnen des ganzen Körpers. Rekeln Sie sich in alle Richtungen – lustvoll und, gemäß Ihren Bedürfnissen, mit Ächz- oder Stöhnlauten. Dies ist die Urform der Gymnastik. Entdecken Sie auf spielerische Weise Ihren Körper, erfinden Sie wohltuende Bewegungen und Lösungsmöglichkeiten für Ihre Verspannungen.
Spüren Sie kurz nach, wie Sie sich selbst in Ihrem Körper ausbreiten können.

Urform der Gymnastik

Grimassen ziehen

Im Liegen, Sitzen oder Stehen. Diese Übung löst angespannte Gesichtszüge.

▶ Schließen Sie die Augen und nehmen Sie Ihr Gesicht wahr. Lassen Sie kleine Dehnungen über Ihr Gesicht laufen, kräuseln und glätten Sie die Stirn, ziehen Sie alle Muskeln zur Nase hin zusammen, dehnen Sie das Gesicht in die Länge, schauen Sie dabei nach oben und strecken Sie gleichzei-

Töne lösen Spannungen

tig die Zunge heraus. Machen Sie allerlei Grimassen und geben Sie auch Töne von sich. Laute wie »uaua« lösen Spannungen im Kieferbereich, verhelfen zum Gähnen und damit zum tiefen Durchatmen. Bewegen Sie Mund und Zunge. Anspannungen in diesem Bereich wirken reflektorisch bis in den Bauch und ins Becken. Probieren Sie aus, wie die natürliche Bauchatmung erschwert wird, wenn Sie die Zähne zusammenbeißen und die Kiefermuskeln anspannen. Runden Sie diese Übung mit der nächsten ab.

Das Gesicht ausstreichen und »baden«

Im Sitzen oder Liegen.
Diese Übung entspannt Gesicht und Augen.

▶ Reiben Sie die Hände aneinander warm und streichen Sie Ihr Gesicht liebevoll aus. Streichen Sie zunächst mit den Fingerkuppen von der Mitte der Stirn zu den Seiten. Glätten Sie auf diese Weise Ihre Stirn. Streichen Sie dann über Nasenflügel und Wangen sowie vom Kinn über den Unterkiefer zu den Ohren. Legen Sie danach die Hände auf das Gesicht, streichen Sie sanft mit den ganzen Handflächen von der Stirn, rechts und links an der Nase vorbei, bis zum Kinn. Führen Sie die Hände etwas zur Seite und streichen Sie wieder nach oben zur Stirn. Wiederholen Sie diesen Bewegungsablauf ein paarmal.
Lassen Sie die Hände einen Moment auf dem Gesicht liegen. Ruhen Sie Ihre Augen aus, entspannen Sie Ihre Gesichtszüge. Der Rachen- und Mundraum sollte sich weit anfühlen. Lösen Sie die Hände, denken Sie an Ihr Dantian und beenden Sie die Übung.
● Variante: Halten Sie nach der Gesichtsmassage die Hände mit einem kleinen Abstand vor das Gesicht. Wenn Sie sitzen, neigen Sie den Kopf etwas nach vorne. Bilden Sie mit Ihren Händen eine Schale. Stellen Sie sich vor, die Schale sei mit Rosenwasser gefüllt, oder nehmen Sie einfach die Wärme und Ausstrahlung Ihrer Hände wahr. »Baden« Sie Ihr Gesicht in dieser Schale, bewegen Sie den Kopf leicht hin und her, damit alle Seiten des Gesichts von dem duftenden Wasser benetzt oder von den Händen angestrahlt werden. Lösen Sie die Hände und genießen Sie die Nachwirkungen.

Das Gesicht »baden«

Die Schultern rollen

Vor und hinter den Ohren massieren

Im Sitzen.
Diese Übung löst Spannungen im Kiefer- und Kopfbereich und hilft, Gähnen auszulösen.

▸ Kreisen Sie mit den Fingern vor den Ohren, öffnen Sie immer wieder Mund- und Rachenraum. Sie können dabei die Bewegungen des Kiefergelenks unter Ihren Fingern spüren. Massieren Sie in gleicher Weise hinter den Ohren. Kreisen Sie im Wechsel links- und rechtsherum. Wahrscheinlich müssen Sie nun gähnen. Genießen Sie es, denn es ist ein Zeichen beginnender Entspannung. Der tiefe, den ganzen Körper erfassende Atemzug beim Gähnen lockert das Zwerchfell und ist eine gute Vorübung für den freifließenden Atem beim Qigong.
Mit dieser Massage können Sie nächtlichem Zähneknirschen und Ohrenbeschwerden vorbeugen.

Gähnen – tiefes Durchatmen

Die Schultern rollen

Im Sitzen oder Stehen.
Diese Übung entspannt Schultern und Nacken.
Hochgezogene Schultern sind eine Haltungsgewohnheit, die beim Qigong-Üben Probleme bereiten kann. Sie sollten ein Gefühl dafür bekommen, ob die Schultern entspannt sind.

▸ Ziehen Sie die Schultern langsam Richtung Ohren und lassen Sie sie mit dem Ausatem nach unten und hinten sinken. Rollen Sie die Schultern einzeln und gemeinsam. Lassen Sie alle Spannung des Tages abfließen, »den Buckel runterrutschen«. Achten Sie auch im Alltag darauf, wie sich Ihre Schultern anfühlen. Lassen Sie sie immer mal wieder mit einem kleinen Seufzer sinken.

Spannungen »rutschen den Buckel runter«

Mit den Ellenbogen malen

Im Sitzen oder Stehen.
Diese Übung lockert den Schultergürtel.

▸ Heben Sie die Arme angewinkelt seitlich bis auf Schulterhöhe, legen Sie die Fingerkuppen locker auf die Schultern. Stellen Sie sich vor, an Ihren Ellenbogen seien Pinsel befestigt, mit denen Sie auf eine imaginäre Leinwand Kreise malen. Zeichnen Sie Achten und Bögen in die Luft. Lassen Sie die Hände locker und den Atem frei fließen.

PRAXIS
Lockerungsübungen

Den Lendenbereich entlasten

Im Liegen.
Diese Übung vermittelt ein Gefühl dafür, auf welche Weise langgestreckt und entspannt sich der Lendenbereich während des Qigong-Übens anfühlen soll, und sie hilft bei Rückenschmerzen.

Hilft bei Rückenschmerzen

▶ Liegen Sie mit ausgestreckten Beinen auf dem Rücken, rekeln Sie sich und ziehen Sie erst einen, dann den anderen Fuß in Richtung Gesäß. Lassen Sie mit aufgestellten Beinen den Rücken einen Moment gut aufliegen, lassen Sie sich tragen. Umfassen Sie mit den Händen die Knie und ziehen Sie sie zum Bauch heran. Die Füße lösen sich dabei vom Boden. Das Gewicht der Arme hängt an den Knien, der Lendenbereich schmiegt sich dem Boden an, der Atem kann sich in den Rücken hinein ausbreiten. Wenn Sie sich in dieser Haltung wohl fühlen, schaukeln Sie ein wenig nach rechts und links. Stellen Sie die Füße nacheinander wieder auf den Boden. Prägen Sie sich ein, wie entspannt sich Ihr Rücken anfühlt. Diese Empfindung sollten Sie auch beim Qigong-Üben haben.

Den Körper schütteln

Im Stehen.
Diese Übung belebt, erfrischt und lockert den ganzen Körper.

▶ Stehen Sie in der schulterbreiten Grundhaltung mit leicht gebeugten Beinen. Lassen Sie Ihren Atem kommen und gehen. Beginnen Sie aus den Fußgelenken heraus, den ganzen Körper ins Schwingen zu bringen. Arme und Schultern locker lassen, damit sie gut mitschwingen können. Sie können Ihr Gewicht abwechselnd nach rechts und links verlagern, um die Beine zu entlasten. Je nach Bedürfnis können Sie die Intensität des Schwingens langsam steigern. So entsteht entweder eine sanfte Schwingung oder ein kräftiges Schütteln. Lassen Sie alle Verspannungen, alles, was Sie belastet und was Sie »abschütteln« wollen, zu Boden gleiten.

Belastungen abschütteln

Schüttelübungen oder Schüttelmeditationen gibt es in vielen Kulturen im Zusammenhang mit religiösen und kultischen Praktiken oder als Vorübung und Bestandteil von Qigong-Übungen und von westlichen Körpertherapien. Das Schütteln regt den Kreislauf an, löst Energieblockaden, fördert den

PRAXIS

Die Handmitten aufdehnen

43

Atemfluß, hebt die Stimmung und erzeugt eine eutonische Haltung, das heißt, eine ausgewogene Spannung im Körper.

Bitte beachten Sie

Wenn Sie schwanger sind, eine starke Menstruation, Senkungsbeschwerden oder akute Rückenprobleme haben, sollten Sie diese Übung nicht durchführen.

Die Handmitten aufdehnen

Im Stehen, Sitzen und Liegen. Diese Übung fördert die Beweglichkeit und Durchlässigkeit der Hände.

▶ Öffnen Sie die Hände von den Handmitten, den »Handherzen«, her, bis zu den Fingerkuppen. Dehnen Sie die Hände ein paarmal weich auf und lassen Sie wieder locker. Überstrecken Sie die Hände nicht, stellen Sie sich eine Blüte vor, die sich öffnet und schließt. Die Durchlässigkeit der Hände spielt im Qigong eine große Rolle, denn in den Fingern befinden sich wichtige Punkte auf den Meridianen, die durch die Übungen angesprochen werden.

● Variante: Führen Sie die geöffneten Hände mit nach außen gewendeten Handflächen vor die Körpermitte, strecken Sie die Arme nach oben. Dehnen Sie sich über die Finger hinaus in den Raum. Führen Sie die Hände mit dem Ausatem seitlich des Körpers nach unten. Lassen Sie Kopf und Schultern einen Augenblick hängen und wiederholen Sie diese Bewegung. Malen Sie auf diese Weise Halbkreise in die Luft und lassen Sie Ihren Atem immer leichter und freier werden. Dehnen Sie auch mal tagsüber die Finger (und die Zehen).

Man kann es mit den Reflexzonen oder mit dem Meridiansystem erklären, Sie werden es aber auch selbst wahrnehmen, daß das gefühlvolle Öffnen der Hände eine lösende Wirkung auf den gesamten Körper hat.

Lösende Wirkung auf den Körper

Übungen in Ruhe

In die Ruhe eintreten

Dieses Bild »in die Ruhe eintreten« finde ich sehr anschaulich. Sie können sich dabei vorstellen, einen Raum in sich zu betreten, in dem Sie sich zu Hause fühlen, in dem Sie sich vertrauensvoll niederlassen können. Wie sieht Ihr innerer Raum der Ruhe aus? Vielleicht fällt Ihnen das Bild einer Landschaft, eines Zimmers oder auch eine Farbe dazu ein. Sie können in Gedanken auch um sich herum einen Raum gestalten, in dem Sie sich wohl und geschützt fühlen.

Dieser Zustand der Ruhe bedeutet nicht, in sich abgekapselt, sondern in Kontakt zu sein mit der Welt und gleichzeitig mit der eigenen Mitte.
Die Qigong-Übungen in Ruhe eignen sich gut dafür, erste Erfahrungen mit den Grundelementen des Qigong zu sammeln. So ist es zum Beispiel sinnvoll, das Sinkenlassen der Aufmerksamkeit zu Dantian oder Yongquan zuerst in Ruhe zu üben und es dann in die Bewegungsübungen einfließen zu lassen. Alle inneren Vorgänge in den Ruheübungen sind auch in den Bewegungsübungen enthalten.

Innerer Raum der Ruhe

PRAXIS
In die Ruhe eintreten

Zu den Übungen im Liegen

▶ Liegen Sie auf dem Rücken, rekeln Sie sich und finden Sie eine angenehme Position. Falls es Ihren Rücken entlastet, schieben Sie eine gerollte Decke unter Ihre Knie. Spüren Sie, wo Sie die Unterlage oder den Boden berühren. Lassen Sie Ihr Gewicht mit dem Ausatem nach unten sinken. Lassen Sie sich tragen.

Zu den Übungen im Sitzen

▶ Sitzen Sie in der Grundhaltung, rekeln Sie sich und spüren Sie das Gewicht Ihres Beckens auf dem Hocker. Die Füße stehen parallel auf dem Boden. Lassen Sie sich innerlich nieder.

Falls Ihnen Übungen, bei denen die Vorstellungskraft stark betont wird, nicht so angenehm sind, lassen Sie diese weg und beginnen direkt mit den Übungen in Bewegung.

■ Alle folgenden Übungen werden mit geschlossenen oder leicht geöffneten, nicht zielgerichtet blickenden Augen ausgeführt. Anfänger üben in der sitzenden oder liegenden Grundhaltung (Seite 35 und 34). Wenn Sie bereits in der Qigong-Haltung entspannen können oder nur kurz üben wollen, dann üben Sie am besten im Stehen (Seite 36).

Dem Atem lauschen

Diese Übung vertieft auf natürliche Weise die Bauchatmung und entspannt dadurch den ganzen Körper, beruhigt die Nerven und stärkt die Atmungs- und Verdauungsfunktionen.

▶ Legen Sie Ihre Handmitten übereinander auf das Dantian und lauschen Sie – ohne sich anzustrengen – dem Atem. Hören Sie nicht mit den Ohren, sondern mit den Händen oder mit dem Dantian! Lassen Sie die Gedanken ziehen. Kehren Sie immer wieder zu der Wahrnehmung des Atems zurück. Verändern Sie Ihren Atem nicht, hören Sie ihm wirklich nur zu – wie dem Wind, dem »Meer«.
Eine alte Übersetzung des Punktes Qihai, der etwas unterhalb des Nabels liegt, lautete »Atemmeer«. Heute wird dieser Bereich als Meer oder Sammlungsort des Qi bezeichnet. Stellen Sie sich also ein Meer der Lebenskraft oder ein »Atemmeer« vor, lauschen Sie seiner Wellenbewegung, die steigt, sinkt, sich ausdehnt und zurückschwingt. Hören Sie der gleichmäßigen Bewegung zu, die, ohne daß Sie bewußt etwas tun müssen, geschehen kann.

Das Meer des Qi

Übungen in Ruhe

Spüren Sie, wie sich der Atem ausbreitet.
Schließen Sie die Übung ab, indem Sie Ihre Aufmerksamkeit zum Dantian sammeln, spüren Sie in Ruhe nach.

Vertrauen in unsere Lebenskraft
■ Das Erleben des lebendigen, ständig in Wandlung begriffenen Atems kann Vertrauen in die uns innewohnende Lebenskraft, in unser Qi, stärken.

Falls es Ihnen schwerfällt, dem Atem zu lauschen, ohne einzugreifen und ihn zu verändern, probieren Sie die folgende Übung aus.

Die Vorstellungskraft zum Dantian lenken

Auch diese Übung fördert die Bauchatmung und hat dieselben positiven Wirkungen wie die vorherige: Sie entspannt den Körper, beruhigt die Nerven und stärkt Atmungs- und Verdauungsfunktionen.

▶ Legen Sie die Handmitten übereinander auf das Dantian. Beachten Sie Ihren Atem nicht. Lassen Sie die Gedanken frei ziehen. Ihr innerer Schwerpunkt sinkt langsam zum Nabelbereich, Ihre Achtsamkeit wendet sich zum Dantian und verweilt dort.

Anfangs sind die Hände eine Hilfe, das Dantian zu empfinden, später können Sie das Dantian allein mit der Vorstellungskraft erreichen.
Wenn Sie Wärme in Ihrem Bauch spüren, ruhiger werden, sich mehr in Ihrer Mitte oder einfach wohl fühlen, dann hat die Übung bereits gewirkt. Schließen Sie mit der Übung »Reibe das Dantian« ab (Seite 59).
● Variante: Lassen Sie Ihre Vorstellungskraft, Ihre innere Sammlung, vom Dantian zu den »Sprudelnden Quellen« in den Fußsohlen wandern und kehren Sie nach einiger Zeit zum Dantian zurück. Üben Sie, das Qi sanft mit dem Geist zu lenken.

Den Atem mit »Hu« entlassen

Diese Übung löst Spannungen im Zwerchfell, bringt den Atem zum Fließen. Sie eignet sich besonders gut, wenn Sie öfter das Gefühl haben, nicht durchatmen zu können oder den Atem anzuhalten.

Den Atem fließen lassen

▶ Legen Sie die Hände auf das Dantian und kommen Sie bei sich in Ihrer Mitte an. Entlassen Sie dann den Atem durch den Mund mit dem weichen Laut

In die Ruhe eintreten

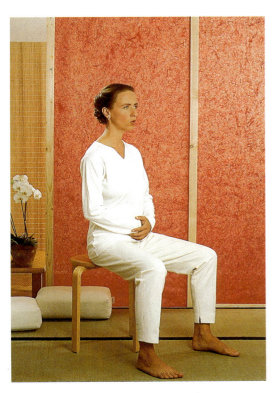

Den Atem mit »Hu« entlassen

»Hu«, der Einatem kommt von allein durch die Nase. Hauchen Sie das »Hu« oder sprechen Sie es nur in Gedanken. Üben Sie ungefähr achtmal.
Schließen Sie mit dem Sammeln der Gedanken im Dantian die Übung ab oder beenden Sie sie mit dem »Reibe das Dantian« (Seite 59).
● Variante: Tönen Sie das »Hu«, aber immer ohne Druck in der Stimme. Der Laut »Hu« kann stimmlos oder mit unangestrengtem Stimmeinsatz ausgestoßen werden. Er ist dem Funktionskreis Magen–Milz zugeordnet und soll besonders in diesem Bereich seine heilende Wirkung entfalten.
● Variante: Legen Sie die Zungenspitze an den oberen Gaumen. Sie stellen damit eine Verbindung her zwischen den beiden Meridianen Renmai und Dumai, die auf der Vorder- und Rückseite des Rumpfes verlaufen. Diese Zungenstellung wird im Qigong häufig angewendet, probieren Sie sie auch in den anderen Ruheübungen aus. Mit jedem Ausatem, mit dem »Hu«, löst sich die Zunge wieder. Spüren Sie nach, ob der Atem freier oder tiefer wird, und ob Ihnen diese Variante guttut.

Das innere Lächeln

Diese Übung bringt uns der inneren Grundhaltung des Qigong, der heiteren Gelassenheit, näher. Sie verändert die Stimmungslage und wirkt daher positiv auf alle körperlichen Beschwerden.

Heitere Gelassenheit

▶ Rekeln Sie sich, schließen Sie die Augen. Bewegen Sie noch einmal Gesicht und Kopf und finden Sie eine Haltung, in der Sie bequem liegen oder sitzen können.

Übungen in Ruhe

Jeder Zelle zulächeln

Lassen Sie hinter Ihren Augen das Gefühl eines Lächelns entstehen, ein leichtes inneres Lächeln, das sich im Gesicht ausbreitet und dann langsam auch im ganzen Körper. Das innere Lächeln entspringt im Bereich der Augen, erreicht den Kiefer, fließt weiter hinunter in den Brust-, Rücken-, Bauch- und Beckenraum, in Arme und Beine. Das Lächeln kann sich von den Augen bis in jede Zelle Ihres Körpers ausbreiten. Verweilen Sie bei dem kleinen inneren Lächeln, sofern es mühelos entstehen kann.

● Variante: Üben Sie mit der Vorstellung, daß Sie sich selbst zulächeln. Sie wenden sich aufmerksam und wohlwollend Ihrem Körper zu. Lächeln Sie Ihre Organe und Ihre Zellen freundlich an, bedanken Sie sich vielleicht bei ihnen für das, was sie leisten.

Wenn Sie möchten, können Sie auch bestimmten Bereichen, die sich bedürftig anfühlen, besonders intensiv zulächeln oder etwas mehr »Lächelkraft« dorthin fließen lassen.

Schließen Sie die Übung mit den Händen auf dem Dantian ab oder »reiben« Sie das Dantian (Seite 59).

Spüren Sie nach, ob und wie sich Atem, Körpergefühl und Stimmungslage durch diese Übung verändern.

Denken Sie beim Qigong-Üben und auch im Alltag zwischendurch an das innere Lächeln. Wenn Sie es in Ruhe geübt haben, erinnern Sie sich leichter an das damit verbundene Gefühl und können es erneut empfinden.

Falls Sie überhaupt keine Lust zu lächeln haben, zwingen Sie sich nicht dazu. Nehmen Sie wahr, was Sie gerade fühlen. Hadern Sie nicht mit Ihren »negativen« Gefühlen. Im Laufe des Qigong-Weges wird sich die heitere Gelassenheit leichter einstellen.

Probieren Sie selbst aus, mit welchen Vorstellungen Sie am leichtesten und angenehmsten zu innerer Ruhe finden. Sie können sich eine Landschaft in einem besonders schönen Licht oder das Geräusch eines sanften Regens vorstellen oder an einen Duft denken, der Ihnen angenehm ist.

Die Kraft des Lächelns

Übungen in Bewegung

Die in den Übungen in Ruhe erfahrene, tiefe innere Entspannung soll auch die Übungen in Bewegung durchdringen. Wenden Sie Ihre entspannte Aufmerksamkeit zum Nabelbereich. Ruhen Sie in Ihrer Mitte, lassen Sie jede Bewegung dort entspringen und wieder dorthin zurückkehren. Üben Sie den lebendigen Wandel der Kräfte. Aus jedem Sinken erwächst ein Steigen, aus dem Steigen wieder ein Sinken, aus jedem Schließen ein Öffnen, aus dem Öffnen ein Schließen. Folgende Übungen stelle ich Ihnen vor:

- Drei vorbereitende Übungen, durch die Sie zur Ruhe kommen und einen stabilen Stand finden sollen.
- Eine einfache Grundübung, die sich besonders gut dazu eignet, die weichen Bewegungen des Qigong zu lernen und die Verbindung von Atem- und Bewegungsfluß zu spüren.
- Fünf kurze Abschlußübungen, mit denen Sie das Qi wieder im Dantian sammeln und dadurch die Wirkung der gesamten Übung festigen.
- Fünf Übungen aus der Brokat-Reihe, die durch ausdrucksvolle Bewegungen gekennzeichnet sind und den gesamten Körper kräftigen.

Lebendiger Wandel der Kraft

Kräftigung des Körpers

Drei vorbereitende Übungen

Diese Übungen sind mit wenig äußerer Bewegung verbunden. Es sind im wesentlichen drei verschiedene Körperhaltungen, die durch Kreisbewegungen der Hände und Arme verbunden werden. Sie können jede einzelne Haltung oder alle drei hintereinander als eigene Übungseinheit ausführen.

Stehen wie ein Baum

Diese Übung stärkt den Lendenbereich, Becken und Beine. Sie wirkt positiv auf Atmung und Stimmungslage sowie bei Schlafstörungen.

■ Das Stehen wie ein Baum stellt die Grundlage aller hier folgenden Übungen dar. Begin-

PRAXIS
Übungen in Bewegung

Innere Kraft

nen Sie das Üben immer aus dieser Grundhaltung heraus. Wie ein Baum zu stehen, gibt ein Gefühl von innerer Kraft und Stabilität. Assoziationen, die beim Üben auftauchen, sind: unerschütterlich stehen, zu mir selbst stehen, voll im Leben stehen, verwurzelt sein. Sie können während dieser Übung vage an einen Baum denken. Sie können auch vor einem Baum üben, um seine Wurzelkraft, die Festigkeit des Stammes, die Leichtigkeit und das Nachgeben der Äste, Zweige und Blätter im Wind zu erleben und in sich aufzunehmen.

▶ Nehmen Sie folgende Ausgangsposition ein: Sie stehen, Ihre Fersen berühren einander, die Fußspitzen zeigen nach außen – der Rücken ist gerade, die Schultern sind entspannt –, die Arme hängen locker zu beiden Seiten des Körpers herab **(1)**. Sammeln Sie sich innerlich zum Dantian, lassen Sie den Atem kommen und gehen. Drehen Sie die rechte Fußspitze nach vorn, verlagern Sie Ihr Gewicht auf das rechte Bein, stellen Sie den linken Fuß schulterbreit neben den rechten, beide Füße sind, parallel zueinander, nach vorn gerichtet. Verteilen Sie Ihr Gewicht gleichmäßig auf beide Beine. Beugen Sie die Knie, senken Sie das Becken, als wollten Sie sich setzen – wie auf einen hohen Hocker oder auf eine »Wolkenbank«. Ihr Lendenbereich ist

Stabilität

Stehen wie ein Baum (1)

Stehen wie ein Baum (2)

Drei vorbereitende Übungen

langgestreckt und entspannt. Neigen Sie Ihr Kinn leicht zum Hals, so daß Ihre Wirbelsäule sich sanft aufrichtet. Lassen Sie Ihren Blick gelöst und freundlich in die Ferne schweifen. »Sehen und doch nicht sehen«, damit ist jene weiche Konzentration gemeint, die in die Weite gerichtet ist. Angestrengtes Schauen kann Engegefühle sowie Spannung und Verkrampfungen in Hals, Nacken und Rücken erzeugen.

Denken Sie immer mal wieder an die Kraftverteilung: Unten fest, oben leicht!

Unten fest – oben leicht

Öffnen Sie Ihre Arme von den Ellenbogen her zur Seite, bis sie neben dem Körper zwei Halbkreise bilden, die sich in Gedanken zu einem Kreis fügen. Die Handgelenke sind dabei nicht abgeknickt, die Ellenbogen sind leicht aufgespannt; von der inneren Empfindung her sollen sie locker nach unten hängen. Zwischen den Fingerspitzen und den Außenseiten der Oberschenkel bleibt ein kleiner Abstand. Ziehen Sie Ihre Schultern nicht hoch, spüren Sie »Luft« unter den Achseln. In Ihrer Vorstellung sind die Fingerspitzen beider Hände miteinander verbunden durch elastische Fäden, die Sie spielerisch auseinanderziehen (Foto (2), Seite 50) können.

Das Öffnen der Arme gibt dem Atem Raum, läßt das Qi sich ausbreiten. Die Verbindung der Hände und das Ruhen im Dantian fördern die Sammlung des Qi in der Körpermitte. Verweilen Sie einen Moment bei dem Gefühl, mit den Füßen verwurzelt zu sein und sich dort, wo Sie gerade stehen, wirklich niederzulassen – die Kraft der Erde strömt durch Ihre Fußsohlen, durch die »sprudelnden Quellen« in Sie hinein. Ruhig dem Dantian zugewandt, genießen Sie die Haltung und lassen Ihre Gedanken ziehen. Gut verwurzelt und aufgerichtet, verbinden Sie Himmel und Erde miteinander in Ihrer Mitte.

Die Kraft der Erde spüren

■ Bleiben Sie anfangs nur kurz in dieser Haltung. Wenn Sie sich dabei wohl fühlen, können Sie einige Minuten in dieser Übung verweilen, das heißt, Sie als Ruhehaltung ausführen. Erlauben Sie sich kleine ausgleichende Bewegungen, mit denen sich Spannungen oder Schmerzen »verteilen« oder auflösen lassen. Keine starre Haltung – mit den Kräften spielen, innerlich ruhig schwingen, sich selbst zulächeln. Sie können die Übung »Stehen wie ein Baum« mit einer Abschlußübung beenden (Seite 57) oder die folgende Übung anschließen.

Übungen in Bewegung

Bälle ins Wasser drücken (1)

Bälle ins Wasser drücken (2)

Die Bälle ins Wasser drücken

Als Ruhehaltung geübt, kann diese Übung eine Erwärmung von Händen und Füßen bewirken. Man spricht davon, daß die »Fünf Herzen« (Fuß- und Handmitten sowie mittleres Dantian) angesprochen werden. Außerdem wird der Qi-Fluß durch die kleinen sinkenden und steigenden, die öffnenden und schließenden Bewegungen in ähnlicher Weise harmonisiert wie in der Übung »Stehen wie ein Baum«.

▶ Stehen Sie im schulterbreiten Stand, mit leicht gebeugten Knien. Die Arme sind halbrund zur Seite aufgespannt – das heißt, Sie »stehen wie ein Baum«.
Jetzt sinkt der Körper ein wenig. Die Hände beschreiben eine kreisförmige Bewegung nach hinten, zur Seite und nach vorne, bis die Handflächen nach unten zeigen **(1)**. Es ist hilfreich, sich bei dieser Bewegung vorzustellen, mit allen fünf Fingern Kreise in die Luft zu malen. Zuerst ziehen Sie mit einem leichten Steigen des Körpers die äußeren Handkanten nach hinten, dann öffnen Sie die Arme etwas zur Seite **(2)**. Ziehen Sie nun die Handrücken wie »durch Wasser« nach vorne. Vollenden Sie die Kreisbewegung, indem Sie die Hände nach innen drehen und auf zwei große Bälle legen.

Kreise in die Luft malen

PRAXIS

Drei vorbereitende Übungen

Lassen Sie sich in dieser Haltung mit einem kleinen Sinken des Körpers nieder. Die Position der Daumen ist jetzt neben oder ein wenig vor dem Körper. Wählen Sie den Abstand zwischen den Händen so, daß sich keine Spannung in den Schultern aufbaut. Drücken Sie die Bälle mit sanfter Kraft ins Wasser (3). Ihre Kraft kommt aus dem Dantian, nicht aus den Schultern!

Bälle ins Wasser drücken (3)

Alle Gelenke – vor allem die Handgelenke – bleiben locker und »tanzen«! Die Finger sind nicht durchgestreckt und nicht eng aneinandergelegt, sie haben immer Bewegungsspielraum.
Schließen Sie hier ab (Seite 57), oder üben Sie mit der nächsten Übung »Den Ball tragen und umfassen« weiter.

■ Wenn Sie sich während der Übung wohl fühlen, stellen Sie sich vor, im Meer oder in einem See zu stehen und verträumt mit zwei Bällen zu spielen. Sie reagieren auf die Wellen, auf das Steigen der Bälle im Wasser. Die Bälle können auseinandertreiben und sich aufeinander zu bewegen.
Anfangs ist es ratsam, die Bewegungen des Körpers zuzulassen, um ein Gefühl für die verschiedenen Kraftrichtungen zu bekommen. Nach längerer Übungserfahrung fällt es leichter, in der Haltung ruhig zu stehen und die inneren Bewegungen im Körper wahrzunehmen.

Spiel mit zwei Bällen

Tragen und umfassen

Im Rahmen der traditionellen chinesischen Medizin wird diese Übung zum Beispiel bei Atemstörungen, Magen- und Bauchbeschwerden angewendet. Außerdem erleichtert sie die Wahrnehmung des Körpermittelpunktes, des Zentrums aller Qigong-Bewegungen.

▶ Stehen Sie in der schulterbreiten Grundhaltung, lassen Sie das Becken hängen und lösen Sie innerlich alle Spannungen.

PRAXIS

Übungen in Bewegung

Sie kommen aus der Übung »Die Bälle ins Wasser drücken«. Ihre Hände nähern sich einander. Sie beschreiben eine kreisförmige Bewegung nach vorne und dann zur Seite, wobei der Körper etwas steigt (1).
Mit dem erneuten Sinken malen die Finger einen Halbkreis nach unten, bis sich die Handflächen vor Ihrem Unterbauch nach oben drehen und einen Ball tragen. Die Fingerspitzen beider Hände sowie Hände und Bauch sind faustbreit voneinander entfernt (2).
Spüren Sie die Rundung des Balles, die leicht aufspannende Kraft in Ihren Armen, die Entspannung in Schultern und Ellenbogen. Verweilen Sie mit Ihrer Aufmerksamkeit im Dantian, genießen Sie Ihren Atem. Stellen Sie sich vor, einen Ball aus Qi zu umarmen oder Qi in Ihrer Mitte zu sammeln.
Beenden Sie die Übung (Seite 57) oder beginnen Sie unmittelbar aus dieser Haltung heraus, in der Sie den Ball tragen, mit der nächsten, hier folgenden Übung, in der Sie den Ball aus dem Wasser heben.

■ Wenn Sie mit einer verdichtenden Vorstellung üben, denken Sie gleichzeitig an die entgegengesetzt wirkenden Kräfte, also an Öffnen und Aufspannen. In jeder Übung soll ein Ausgleich der Kräfte stattfinden.

Ausgleich der Kräfte

Tragen und Umfassen (1)

Tragen und umfassen (2)

Eine Grundübung

Reguliere den Atem, beruhige den Geist

oder: »Den Ball aus dem Wasser heben«.
Im Rahmen der traditionellen chinesischen Medizin wird dieser Übung eine gute Wirkung bei Atem-, Magen- und Unterleibsbeschwerden sowie bei Schmerzen in den Schultern, den Rippen und im Rücken zugesprochen.
Direkt spürbar ist die beruhigende Wirkung auf Atem und Geist.

▶ Stehen Sie in der Grundhaltung, schulterbreit, die Arme in der Haltung der Übung »Tragen und umfassen« und beginnen Sie die Übung – wie immer – mit einer kleinen lockernden Bewegung und mit dem Sinken des Körpers (1). Nehmen Sie bewußt Ihre Füße wahr, verwurzeln Sie sich. Wenn Sie intensiven Kontakt mit dem Boden aufnehmen, steigen Ihre Arme mühelos nach oben (Partnerübung Seite 88). Heben Sie langsam einen Ball aus dem Wasser, der Körper steigt, aber nur so weit, daß die Knie nicht durchgestreckt sind (2).

Verwurzeln Sie sich!

In Schulterhöhe drehen Sie die Handflächen Richtung Boden (Foto (3), Seite 56) und drücken den Ball behutsam wieder nach unten, bis sich die Hände etwas

Reguliere den Atem beruhige den Geist (1), (2)

Übungen in Bewegung

Reguliere den Atem, beruhige den Geist (3) unterhalb des Nabels befinden. Gleichzeitig mit dieser Bewegung senkt sich der Körper **(4)**. Zwischen den Händen sowie zwischen Händen und Bauch bleibt ein faustbreiter Abstand. Beginnen Sie den Ablauf der Übung von neuem: Drehen Sie die Handflächen gen Himmel und heben Sie den Ball wieder nach oben. Üben Sie mindestens viermal.
Beenden Sie die Übung mit den abschließenden Übungen (Seite 57).

■ Die Bewegung der Arme sowie das Steigen und Sinken des Körpers soll eine einzige fließende Bewegung sein, die wie eine Welle durch den gesamten Körper geht. Spüren Sie das Wasser, aus dem Sie den Ball heben, an der Innenseite Ihrer Arme hinunterfließen. Beim Senken der Arme nehmen Sie den Widerstand des Wassers wahr. Bei jeder Abwärtsbewegung strömt das Qi bis in die Fußsohlen, von wo aus die steigende Bewegung erneut beginnt.
Das Qi steigt, sinkt, breitet sich im Körper aus und sammelt sich wieder im Dantian.
● Ruhehaltungen: Sie können in der Haltung, in der Sie den Ball tragen, oder wenn Ihre Handflächen in Schulterhöhe auf dem Ball liegen, einige Zeit verweilen.
● Sie können während dieser Übung den Atem fließen lassen, ohne ihn zu beachten.

Reguliere den Atem, beruhige den Geist (4)

Eine andere Möglichkeit ist, Bewegung und Atemrhythmus zu verbinden, so daß Sie den Ball mit dem Einatem heben und mit dem Ausatem wieder senken. Lauschen Sie in sich hinein, ob Atem und Bewegung mühelos ineinander übergehen. Üben Sie in Ruhe, versuchen Sie aber nicht, besonders langsam zu atmen. Passen Sie die Bewegungen Ihrem Atemrhythmus an und nicht umgekehrt. Denken Sie daran, daß Sie mit jedem Einatem frisches Qi aufnehmen und mit jedem Ausatem Qi abgeben.

Bitte beachten Sie

Falls Sie zu Bluthochdruck neigen oder Anzeichen »oberer Fülle« wie Schwindel, Kopfdruck, Ohrensausen aufweisen, heben Sie die Hände nicht höher, als bis zur Brustmitte, und führen Sie die absteigenden Bewegungen langsam durch.

Fünf abschließende Übungen (Das Einbringen der Früchte)

Die folgenden Übungen bilden miteinander eine ausgewogene Struktur, die es ermöglicht, die »Früchte« der Übung einzusammeln und die Wirkungen zu intensivieren. Beenden Sie also das Qigong mit dieser Übungsreihe.

Sollten Sie wenig Zeit haben, so können Sie einzelne Übungen dieser Abfolge ausführen und zum Beispiel nur mit dem »Dantian reiben« abschließen. Durch diese Abschlußübungen wird das Qi im Dantian gesammelt.

Reibe die Shenshu

Diese Selbstmassage entlastet den Rücken und wirkt lindernd bei Beschwerden im Lendenbereich. Im Rahmen der traditionellen chinesischen Medizin wird ihr eine Wirkung auf den Funktionskreis »Niere« zugesprochen.

Reibe die Shenshu

Übungen in Bewegung

▶ Legen Sie Ihre Handflächen auf den unteren Rücken, rechts und links der Lendenwirbelsäule. Die Finger zeigen nach unten (**Foto** Seite 57). Spüren Sie die Wärme Ihrer Hände. Richten Sie Ihre entspannte Aufmerksamkeit zum Dantian sowie zu dem Bereich, in dem Shenshu und Mingmen liegen (Seite 18, 19). Die Hände streichen nach unten und dann nebeneinander liegend entlang der Wirbelsäule wieder nach oben, das heißt, sie beschreiben kleine Kreise. Der Körper sinkt und steigt dabei.

Lassen Sie den Atem unbeachtet fließen oder verbinden Sie Bewegung und Atem, das heißt, Sie streichen mit dem Ausatem nach unten und mit dem Einatem nach oben.

Bewegung und Atem verbinden

Massieren Sie die Umgebung des »Lebenstores«, Mingmen, viermal und machen Sie mit der nächsten Übung weiter.

■ Schieben Sie Ihr Becken nicht mit den Händen nach vorne! Achten Sie darauf, Ihre Schultern nicht hochzuziehen!

Schließe den Daimai

Diese Übung wird als Übergang von der Übung »Reibe die Shenshu« zu »Reibe das Dantian« verwendet. Der Daimai, das »Gürtelgefäß«, eine gürtelförmig um die Körpermitte verlaufende Leitbahn, wird in dieser Übung ausgestrichen, dadurch sollen Yin und Yang im Körper verbunden werden.

▶ Drehen Sie die Hände, die noch auf dem Rücken liegen, mit den Fingern nach vorne, streichen Sie über die Hüften bis zum Dantian. Legen Sie dort die Handmitten übereinander. Diese einfache Bewegung soll sehr langsam und bewußt ausgeführt werden. Denken Sie dabei an das innere Schließen im Becken (Seite 38).
Machen Sie mit der nächsten Übung weiter.

Schließe den Daimai

PRAXIS

Fünf abschließende Übungen

Reibe das Dantian

Reibe das Dantian

Diese Übung eignet sich zur Linderung von Bauchbeschwerden und bei Unruhe. Im Liegen ausgeführt, ist sie eine sehr gute Einschlafhilfe.
Im Rahmen der traditionellen chinesischen Medizin soll durch das Reiben des Dantian das Qi in der Mitte gespeichert und »genährt« werden.

▶ Streichen Sie mit den übereinanderliegenden Händen, nach rechts unten beginnend, in vier größer werdenden Kreisen um das Dantian. Nach dem vierten Kreis ruhen die Hände einen Moment auf dem Magenbereich. Sie können die Wärmeausstrahlung der Hände auf das Sonnengeflecht spüren. Dann streichen Sie, nach links unten beginnend, vier kleiner werdende Kreise, die auf dem Dantian enden. Sie beschreiben mit Ihren Händen eine sich öffnende und schließende Spirale. Jede Streichbewegung der Hände nach unten läßt den Körper sinken, jedes Streichen nach oben läßt ihn ein wenig wachsen. Bleiben Sie gut verwurzelt, lassen Sie Ihre Gedanken zur Ruhe kommen. Ihre innere Achtsamkeit ruht im Dantian.
Schließen Sie hier ab oder fahren Sie mit der nächsten Übung fort.

Das Qi »nähren«

■ Beachten Sie Ihren Atem zunächst nicht. Wenn Sie mit der Übung vertrauter sind, können Sie Atem und Bewegung zusammenfließen lassen: beim Hinaufstreichen ein-, beim Hinabstreichen ausatmen. Nach längerer Qigong-Erfahrung führen Sie diese Kreisbewegung mit einem Abstand zwischen Händen und Bauch aus, das heißt, die Hände berühren den Körper nicht. Vergleichen Sie, wie sich die Empfindungen beim Kreisen mit und ohne Berührung des Bauches unterscheiden.

Übungen in Bewegung

Wasche die Laogong (1)

Wasche die Laogong (2)

Wasche die Laogong (3)

Wasche die Laogong

Eine Erwärmung der Handflächen und ein Gefühl von Kraft zwischen den Händen ist die spürbare Wirkung dieser Übung.
Im Rahmen der traditionellen chinesischen Medizin dient diese Übung der Harmonisierung der Funktionskreise »Herz« und »Niere«.

▶ Führen Sie die übereinander liegenden Hände nach oben bis auf Brusthöhe (1) und lösen Sie sie voneinander. Stellen Sie die Handflächen mit einem kleinen Abstand einander gegenüber (2). Der Blick geht über die Finger in die Ferne. Zwischen Händen und Brustkorb bleibt ein ungefähr drei Fäuste breiter Abstand.
Sie stehen gut verwurzelt und beginnen die Laogong, die in den Handmitten liegen

Fünf abschließende Übungen

(Seite 20), zu »waschen«. Sie ziehen die linke Hand senkrecht nach unten, bis der Mittelfinger sich auf der Höhe der rechten Handmitte befindet (Foto (3), Seite 60). Dabei sinken Sie und entspannen den Lendenbereich. Aus dem Sinken entsteht das Steigen, mit dem die linke Hand auf gleiche Höhe mit der rechten kommt. Dann ziehen Sie die rechte Hand nach unten, bis sich der rechte Mittelfinger auf der Höhe der linken Handmitte befindet, und steigen wieder. Wiederholen Sie die Bewegung viermal, bringen Sie die Hände auf gleiche Höhe und bleiben Sie kurz in dieser »Gebetshaltung«, wie beim zweiten Foto der vorigen Seite. Schließen Sie das »Waschen« der Laogong mit der folgenden Übung ab.

Kraft zwischen den Handmitten

■ Die Handflächen berühren einander nicht, aber sie »strahlen« sich an. Zwischen den Handmitten wird das Qi als Wärme, eine Art Verbindung oder Anziehungskraft, wahrgenommen.

■ Wenn Sie diese Übung einige Male geübt haben, können Sie die untere Hand weiter nach unten ziehen (Foto (3), Seite 60). Der innere Kontakt der Hände soll dabei nicht abreißen.

Führe das Qi zum Ursprung zurück

Mit dieser Bewegung führen Sie das Qi zum Dantian zurück und beenden Ihr Üben. Die positiven Wirkungen des Qigong können sich durch das langsame Ausführen dieser Übung besser entfalten, der Übergang zum Alltag soll erleichtert werden.

▶ Lösen Sie die Hände aus der »Gebetshaltung«. Mit nach unten zeigenden Handflächen führen Sie die Hände in Schulterhöhe erst zur Seite, dann nach unten neben den Körper. Die Arme nicht durchstrecken, sondern wie große bogenförmige Schwingen sinken lassen. Gleichzeitig sinkt der Körper.

Führe das Qi zum Ursprung zurück

Übungen in Bewegung

Verlagern Sie das Gewicht auf das rechte Bein, drehen Sie die Fußspitze nach außen, ziehen Sie den linken Fuß heran.
Die Füße stehen in der Ausgangsposition: Die Fersen berühren sich, die Zehen zeigen nach außen; die Arme hängen.
Lassen Sie das durch die Übungen zum Zirkulieren gebrachte Qi zu seiner Quelle im Dantian zurückfließen und speichern Sie es dort. Lassen Sie sich für den Übergang vom Qigong zum Alltag ausgiebig Zeit!

Dantian: Quelle des Qi

■ Bewegen Sie die Hände sehr langsam auseinander, stellen Sie sich vor, über den Horizont, über Luft oder Wasser zu streichen. Breiten Sie die Arme wie Schwingen aus, die von der Luft getragen werden.
Achten Sie darauf, den Bewegungs- und Qi-Fluß beim Senken der Arme nicht durch das Abknicken in den Handgelenken zu unterbrechen.

Fünf Brokat-Übungen

Die »Acht Brokate« werden bereits seit Jahrhunderten als besonders wertvoll angesehen und in vielen Varianten unterrichtet. Falls Sie die Übungen bereits kennen, kann es sein, daß sie nachfolgend anders beschrieben werden, als Sie sie gelernt haben.
Probieren Sie die Ihnen bekannte und die beschriebene Art zu üben aus und entscheiden Sie sich dann für eine davon. Vermischen Sie aber bitte die verschiedenen Ausführungen nicht miteinander, da das den harmonischen Ablauf stören kann.
Im folgenden wird die Ausführung von Professor Jiao Guorui beschrieben. Das Besondere an seiner Unterrichtsweise ist, daß die feinen inneren Kräfte und die fließenden Übergänge betont werden und daß die Brokat-Übungen von den Vorbereitungs- und Abschlußübungen (Seite 49, 57) umrahmt werden. Hier werden fünf ausgewählte Formen vorgestellt, die, einzeln oder in Abfolge geübt, wirksam und für Anfänger leicht erlernbar sind.
Im allgemeinen werden die Brokat-Formen fünfmal zu jeder Seite ausgeführt, oder entsprechend dem eigenen Bedürfnis.

Jahrhundertealte Übungsform

■ Die Struktur der folgenden Übungen ähnelt sich. Jede Übung beginnt mit dem Heben und Senken des Qi. Die Hände werden – verschränkt, geöffnet oder als Fäuste – zuerst bis auf Brusthöhe gehoben und dann

Fünf Brokat-Übungen

Halte das Universum (1)

nach unten zum Dantian geführt. Von da aus entwickelt sich die spezielle Bewegung der Brokat-Formen. Am Schluß der ersten vier Übungen werden die Arme seitlich des Körpers gesenkt, wie in der Übung »Führe das Qi zum Ursprung zurück« (Seite 61).

Halte das Universum mit beiden Händen und reguliere die drei Erwärmer

(Erste Brokat-Form)
Durch diese Übung wird der gesamte Körper auf wohltuende Weise gedehnt, was sich entspannend, harmonisierend und funktionsfördernd auf die inneren Organe auswirkt.

Im Rahmen der traditionellen chinesischen Medizin wird der Übung eine Wirkung auf die »Drei Erwärmer« zugeschrieben. Damit sind Organe und Funktionen im oberen, mittleren und unteren Rumpf gemeint, die mit Atmung, Verdauung und Ausscheidung in Verbindung gebracht werden.

▶ Da Sie mit einer vorbereitenden Übung beginnen, stehen Sie bereits in der schulterbreiten Grundhaltung. Verschränken Sie Ihre Hände vor dem Unterbauch in der Weise, daß die Handflächen nach oben zeigen **(1)**. Heben Sie die Arme in einem Halbkreis bis auf Brusthöhe. Dort drehen Sie die Handflächen nach unten und

Halte das Universum (2)

PRAXIS

Übungen in Bewegung

Halte das Universum (3) legen sie einen Augenblick auf einen großen Ball. Die Hände sind jetzt ungefähr drei Fäuste breit vom Brustkorb entfernt (Foto **(2)** Seite 63).
Mit sanfter Kraft drücken Sie den Ball nach unten, bis die Hände sich auf Höhe des Unterbauches befinden. Sinken Sie mit dem Becken **(3)**.
Führen Sie die Hände in einem Halbkreis nach vorne und oben bis über den vorderen Teil des Kopfes. Lassen Sie die Ellenbogen leicht angewinkelt, strecken Sie die Arme nicht durch **(4)**. Ziehen Sie die Hände auseinander, bewegen Sie die Arme wie Schwingen seitlich des Körpers nach unten (Foto **(5)** Seite 65), holen Sie das linke Bein zum rechten heran.

Sie stehen nun wieder in der Ausgangsposition mit geschlossenen Fersen (Foto **(6)** Seite 65).
● Beginnen Sie die Übung zur rechten Seite: Verschränken Sie die Hände und heben Sie sie bis auf Brustmitte. Stellen Sie dann das rechte Bein nach rechts in den schulterbreiten Stand. Schieben Sie mit den Handflächen nach unten und dann in einem Halbkreis nach oben. Halten Sie einen Moment das Universum. Mit dem Auseinanderziehen und Sinken der Arme ziehen Sie den rechten Fuß wieder heran.
Führen Sie die Übung nach rechts und nach links aus. Schließen Sie ab (Seite 57) oder fahren Sie mit der nächsten Übung fort.

Halte das Universum (4)

PRAXIS

Fünf Brokat-Übungen

● Bei allen Bewegungen in die Aufrichtung ist es besonders wichtig, sich an die Kraftverteilung »oben drei und unten sieben« zu erinnern.

● Achten Sie ferner darauf, daß Sie Ihren Rücken nicht verspannen, kein Hohlkreuz bilden und Ihr Brustbein nicht vorschieben.

● Wenn Ihnen der Bewegungsablauf vertraut ist, achten Sie darauf, daß beim Heben und Senken der Arme der gesamte Körper beteiligt ist. Sie können beim Sinken aus- und beim Steigen einatmen.

In der Mitte stabil bleiben

Halte das Universum (5), (6)

■ Wenn Ihre Hände über dem Kopf das Universum halten, wachsen Sie ein kleines Stück himmelwärts und bleiben doch im Boden verwurzelt und in Ihrer Mitte stabil.

Nach links und rechts den Bogen spannen, als wollte man auf einen großen Vogel schießen

(Zweite Brokat-Form)
Diese kraftvolle Übung sollten Sie anfangs besonders entspannt ausführen, um nicht mehr Kraft zu verbrauchen, als Sie gewinnen. Diese Übung stärkt Beine, Hüfte und Lendenbereich, lockert Schultern und Nacken, dehnt den Brustkorb und erleichtert die Atmung. Der Bewegungsablauf fördert Konzentration, Koordinations- und Gleichgewichtssinn. Im Rahmen der chinesischen Medizin wird der Übung eine positive Wirkung unter ande-

Übungen in Bewegung

Den Bogen spannen (1)

Den Bogen spannen (2)

rem auf den Funktionskreis »Niere« und den »unteren Erwärmer« zugesprochen.

▶ Stehen Sie mit geschlossenen Fersen in der Ausgangsposition und bringen Sie, aus der ersten Brokat-Form oder einer vorbereitenden Übung kommend, die Hände vor dem Unterbauch zusammen und bilden Sie Hohlfäuste. Die Daumen liegen dabei auf den Nägeln von Zeige- und Mittelfinger. Zwischen den Händen bleibt ein faustbreiter Abstand. Heben Sie die Fäuste gleichzeitig bis auf Brusthöhe und lassen Sie die linke Faust zur Pfeilhand werden. Dazu strecken Sie Zeige- und Mittelfinger aus, legen den Daumen auf den Ring- und den kleinen Finger. Unterarm, Handrücken und gestreckte Finger bilden eine gebogene Linie. Die kleinen Finger befinden sich auf einer Höhe. Nun verlagern Sie das Gewicht auf das rechte Bein, heben den linken Fuß und lassen die Fußsohle das rechte Knie »betrachten«, ohne es zu berühren **(1)**. Auf einem Bein stehend, finden Sie Ihr Gleichgewicht am leichtesten, wenn Sie an eine feste Wurzel denken und Ihr Blick geradeaus gerichtet ist. Dann wird der linke Fuß in einem großen »schleifenden« Schritt nach links zur Seite aufgesetzt. Sie stehen mit parallel ausgerichteten Füßen in einem breiten Stand, dem Pferdschritt. Sie setzen sich auf dieses »Pferd«

Fünf Brokat-Übungen

Den Bogen spannen (3)

Den Bogen spannen (4)

und führen gleichzeitig mit dem Sinken des Gesäßes beide Hände vor das Dantian (Foto **(2)**, Seite 66).

Mit einem kleinen Steigen des Körpers ziehen Sie die Hände dann nach links und rechts oben auseinander in die Haltung des Bogenspannens. Die rechte Hand befindet sich vor der rechten Brust in einem zwei Hände breiten Abstand. Sie zielen nach links, der Blick geht über die gestreckten Finger hinweg in die Ferne **(3)**.

Den Bogen mit innerer Kraft spannen

Spannen Sie den Bogen mit leichter innerer Kraft, ohne daß Finger, Ellenbogen und Handgelenke durchgestreckt werden. Vermeiden Sie in dieser Haltung übermäßige körperliche oder geistige Anspannung. Der Körper bleibt aufgerichtet in der Mittelachse.

Denken Sie an die Yongquan, die »sprudelnden Quellen«, suchen Sie guten Bodenkontakt. Sitzen Sie sicher auf dem Pferd, wenn Sie den Bogen anlegen. Zur Auflösung beide Füße nach links ausrichten, das Gewicht nach links verlagern. Die rechte Faust kommt dabei zur linken, die erneut eine Hohlfaust bildet **(4)**. Wenn beide Fäuste auf gleicher Höhe sind, holen Sie den rechten Fuß zum linken heran und richten den Körper wieder nach vorne aus. Die Hände befinden sich dabei auf Brusthöhe vor der Körpermitte. Öffnen Sie die Hände, streichen Sie über die Luft zur Seite (Foto **(5)**, Seite 68) und lassen

Übungen in Bewegung

Den Bogen spannen (5)

Den Bogen spannen (6)

Sie die Arme nach unten sinken **(6)**. Bilden Sie vor dem Unterbauch Hohlfäuste.
● Beginnen Sie den Übungsablauf nach rechts: Lassen Sie die Arme steigen, bilden Sie rechts eine Pfeilhand und stehen Sie auf dem linken Bein. Stellen Sie das rechte Bein in den Pferdschritt nach rechts, sinken Sie und spannen den Bogen nach rechts. Lösen Sie die Übung nach rechts auf.

■ Achten Sie bei dieser Übung auf die Klarheit und Zielgerichtetheit in Blick und Bewegung. Der Bogen wird gespannt, der Pfeil aber nicht abgeschossen. Bleiben Sie entspannt. Verwurzeln Sie sich mit den »sprudelnden Quellen«, lassen Sie den Bereich des Mingmen, des »Lebenstores«, weit werden. Wenn Ihnen der Ablauf der Übung vertraut ist, können Sie sich vorstellen, das Pferd mit den Knien festzuhalten. So betonen Sie das innere Schließen, und Ihre Kraft bleibt trotz der geöffneten Haltung

Bitte beachten Sie

Schwangere sowie ältere und geschwächte Menschen sollen grundsätzlich in hoher Position, das heißt, mit wenig gebeugten Knien, üben. Das gleiche gilt, wenn akute Rückenprobleme vorliegen.
Die Menstruation kann durch das Üben des tiefen Pferdschrittes angeregt werden, üben Sie also in dieser Zeit ebenfalls in hoher Position.

Fünf Brokat-Übungen

PRAXIS

der Beine in der Mitte gesammelt. Passen Sie den Pferdschritt Ihrer Gelenkigkeit und Kondition an. Üben Sie anfangs in hoher Position, das heißt, mit nur leicht gebeugten Knien, steigern Sie sich langsam zur kraftvollen Variante mit stärker gebeugten Knien.

Einen Arm heben und Milz und Magen regulieren

(Dritte Brokat-Form)
oder »Den Himmel stützen und die Erde stemmen und Magen und Milz regulieren«.
Auch hier ist im Namen das Ziel bereits enthalten. Magen und Milz sollen durch diese Übung positiv beeinflußt werden. Mit dem Funktionskreis »Magen–Milz« sind in der chinesischen Medizin wesentlich mehr Funktionen und Strukturen zur Nahrungs- und Energieumwandlung im Körper gemeint, als nur die beiden Organe.
Die diagonale Dehnung in der Übung kann im Zwerchfellbereich und in der Körpermitte als wohltuend und befreiend erlebt werden. Außerdem werden zahlreiche Muskeln und Sehnen in sich gedreht, gedehnt und aktiviert.

Befreiende Dehnung

▶ Kommen Sie aus der zweiten Brokat-Form oder einer vorbereitenden Übung in die Ausgangsposition mit geschlossenen Fersen. Bringen Sie die Hände in die Haltung, in der Sie den Ball vor dem Unterbauch tragen. Zwischen den Fingern beider Hände bleibt ein faustbreiter Abstand. Heben Sie den Ball. Drehen Sie knapp unter Schulterhöhe die Handflächen nach unten und stellen Sie dann den linken Fuß nach links in den schulterbreiten Stand (Foto (1) Seite 70). Die Hände liegen auf einem großen Ball. Nun drücken Sie die Hände gegen den leichten Widerstand von Wasser nach unten. Auf Nabelhöhe trennen sich die Hände. Die rechte zieht langsam in einer runden Bewegung neben die rechte Hüfte. Die Finger sind nach innen und vorne gerichtet, die Handfläche zeigt nach unten. Der linke Arm steigt in einem Halbkreis seitlich vor dem Körper bis fast über den Kopf. Die Handfläche zeigt jetzt schräg nach oben und nach vorne. Mit dem Steigen des Armes hebt sich der Körper. Der Blick geht gerade nach vorne (Foto (2) Seite 70). Verweilen Sie einen Augenblick in dieser Haltung, spüren Sie die Verbindung der unteren Hand zum Boden, der oberen

Im Boden verankert sein

PRAXIS
Übungen in Bewegung

Einen Arm heben... (1) zum Himmel sowie die diagonale Dehnung zwischen den beiden Polen. Bleiben Sie im Boden verankert, auch hier gilt: unten fest, oben leicht! Lassen Sie den Rücken langgestreckt und ziehen Sie die Schultern – vor allem die linke – nicht nach oben.
Nun sinken Sie wieder, lassen den oberen Arm nach unten gleiten und den unteren nach oben steigen, bis sich beide Hände auf Brusthöhe befinden. Die Handflächen nähern sich und liegen wieder auf dem Ball. Die Arme zur Seite öffnen und im Halbkreis nach unten sinken lassen (Foto **(3)**, Seite 71).
Das linke Bein heranholen in die Ausgangsposition (Foto **(4)**, Seite 71).

● **Übung zur rechten Seite:** Heben Sie den Ball bis auf Brusthöhe, stellen Sie das rechte Bein in den schulterbreiten Stand, senken Sie die Hände. Mit der rechten Hand stützen Sie den Himmel, mit der linken stemmen Sie die Erde. Fahren Sie mit der Übung fort wie zur linken Seite. Schließen Sie nach der Übung ab (Seite 57), oder setzen Sie die Übungsreihe mit der vierten Brokat-Form fort.

■ Die Arme bewegen sich in jeder Phase der Übung fließend. Der längere Weg der aufsteigenden Hand sollte genausoviel Zeit in Anspruch nehmen wie der kürzere der unteren Hand. »Stützen« und »drücken« Sie

Einen Arm heben... (2)

Fließende Bewegungen

Fünf Brokat-Übungen

PRAXIS
71

Einen Arm heben... (3) mit feiner innerer Kraft, denn durch übermäßige Anstrengung wird das Qi verschwendet. Arme und Schultern sollen sich in jeder Position locker anfühlen. Die Gelenke sollen nicht überdreht werden.

Blicke zurück auf die fünf Übertreibungen und die sieben schädlichen Einflüsse

(Vierte Brokat-Form)
Diese Übung wirkt entspannend auf Hals, Nacken und Kopf. In der Sichtweise der chinesischen Medizin kann sie unter anderem Qi-Stauungen auf den Meridianen auflösen und Körper, Seele und Geist in so tiefgreifender Weise harmonisieren, daß man viele Leiden hinter sich lassen beziehungsweise auf sie zurückblicken kann.

Die fünf Übertreibungen bedeuten: »Zuviel sehen schädigt das Blut, zuviel schlafen das Qi, zuviel sitzen die Muskeln, zuviel stehen die Knochen, zuviel gehen die Sehnen.«

Die sieben schädlichen Einflüsse sind: »Überessen schädigt die Milz; Zorn schädigt die Leber; zuviel heben, an feuchtem Ort sitzen die Niere; Kaltes trinken schädigt die Lunge; zuviel denken das Herz; große Angst schädigt den Willen.« (zitiert nach Jiao Guorui, *Qigong Yangsheng*, 1988, Seite 181)

Wahrscheinlich haben Sie schon einmal erlebt, daß sich

Einen Arm heben.. (4)

Übungen in Bewegung

Blicke zurück... (1)

Blicke zurück... (2)

Zusammenhang zwischen Körper und Seele

Kälte auf Ihre Lungen schädlich ausgewirkt hat und Sie Husten bekamen. Den Gedanken, daß Ärger auf die Leber wirken kann, gibt es auch in unserer Kultur.
Zusammenhänge zwischen Witterung und Gesundheit sowie zwischen Körper und Seele werden in der chinesischen Medizin auf differenzierte Weise gesehen.

▶ Stehen Sie in der Ausgangsposition mit geschlossenen Fersen. Bringen Sie die Hände vor dem Unterbauch in die tragende Haltung, zwischen den Händen ist ein faustbreiter Abstand.
Heben Sie die Arme auf Schulterhöhe, drehen Sie die Handflächen nach unten und stellen Sie das linke Bein zur Seite in den schulterbreiten Stand **(1)**. Nun drücken Sie die Hände mit sanfter Kraft nach unten. Vor dem Dantian trennen sich die Hände und ziehen mit einer runden Bewegung nach links und rechts neben den Körper. Die Finger sind nach innen und vorne gedreht, die Handflächen wie stützend nach unten gewendet. Die Ellenbogen werden nicht durchgedrückt, aber auch nicht zu stark aufgespannt.
Gleichzeitig mit dem Auseinanderziehen der Hände dreht sich der Kopf nach links **(2)**. Das Kinn bewegt sich dabei auf einer horizontalen Linie. Falls Sie nicht mit geschlossenen

PRAXIS

Fünf Brokat-Übungen

73

Blicke zurück... (3)

Blicke zurück... (4)

An die »sprudelnde Quelle« denken

Augen üben, geht der Blick entspannt in die Ferne.
Wenn Ihnen der Ablauf vertraut ist, »schauen« Sie in dieser Haltung innerlich zur rechten Fußsohle, Sie denken an die rechte »sprudelnde Quelle«. Sinken Sie wieder, drücken Sie die Bälle etwas mehr unter das Wasser und lassen sie wieder los, dann steigen Ihre Arme wie von selbst nach vorne und oben. Sie kommen vor der Brustmitte zusammen und liegen auf dem Ball.
Der Kopf dreht sich mit der steigenden Bewegung der Arme zurück zur Mitte **(3)**. Der innere Blick kehrt vom rechten Yongquan zurück zu Mingmen und Dantian. Ruhen Sie wieder in Ihrer Mitte.

Abschließend führen Sie die Hände zur Seite und neben dem Körper nach unten **(4)** holen den linken Fuß zum rechten heran und stehen in der Ausgangsposition mit geschlossenen Fersen.
● Beginnen Sie die Übung nach rechts: den Ball tragen, in Schulterhöhe die Handflächen drehen, das rechte Bein nach rechts in den schulterbreiten Stand stellen, die Hände nach unten und neben die Hüften führen, den Kopf nach rechts drehen. Der innere Blick geht zur linken »sprudelnden Quelle«. Lösen Sie die Übung auf wie zur linken Seite.

■ Machen Sie sich mit dem Bewegungsablauf vertraut und

schauen Sie erst dann innerlich zu den »sprudelnden Quellen«. Versuchen Sie, die Yongquan zu spüren, denken Sie entspannt an diesen Bereich. Setzen Sie Ihre Vorstellungskraft nicht zu intensiv ein!

Laß dich auf die Fersen fallen und vertreibe alle Krankheiten

(Achte Brokat-Form)
Diese Übung lockert Spannungen in Muskeln und Gelenken, belebt Körper und Geist.
Nach chinesischer Vorstellung können durch diese Übung Qi-Blockaden gelöst und der Qi-Fluß angeregt werden.

▶ Stehen Sie in der Ausgangsposition, die Beine sind nicht ganz durchgestreckt, die Arme hängen seitlich des Körpers herab. Sie haben »Luftbälle« unter den Achseln.
Die Hände beschreiben kleine Kreise seitlich des Körpers. Die Finger ziehen zuerst nach hinten, dann zur Seite und vor den Körper, wobei sich die Handflächen nach unten drehen. Die Finger zeigen nach vorne und leicht nach innen.
Üben Sie mit den Händen Kraft nach unten aus und drücken Sie sich nach oben. Die Fersen heben sich dabei vom Boden (1). Nach einem kurzen Innehalten lassen Sie die Fersen wieder weich auf dem Boden aufkommen. Federn Sie in den Gelenken locker ab und entspannen

Laß dich auf die Fersen fallen… (1)

Laß dich auf die Fersen fallen… (2)

Fünf Brokat-Übungen

Laß dich auf die Fersen fallen... (3)

Laß dich auf die Fersen fallen... (4)

Sie den ganzen Körper (Foto (2), Seite 74).
Nun beschreiben die Hände in Höhe des Dantian eine kreisförmige Bewegung nach vorne und dann zur Seite (3). Die Handflächen drehen sich wieder in die tragende Haltung. Jetzt heben Sie die Hände bis auf Brusthöhe, drehen sie (4), drücken sie nach unten und beginnen den Ablauf von neuem. Die Füße bleiben während der gesamten Übung in derselben Position.
Gehen Sie in den schulterbreiten Stand, schließen Sie mit dem »Einbringen der Früchte« (Seite 57) ab.

■ Steigern Sie bei dieser Übung die Intensität nur langsam.

Üben Sie zunächst das weiche Abfedern, später können Sie sich auf die Fersen fallen lassen. Die Knie- und Fußgelenke bleiben locker! Nur so können sich die Vibrationen wie Wellen im Körper ausbreiten.
● Wollen Sie mit dem Atemrhythmus üben, so lassen Sie beim Hochdrücken den Einatem zu und atmen aus, wenn Sie mit den Fersen aufkommen. Das Heben der Arme verbindet sich mit dem Einatem und das Sinken mit dem Ausatem.
● Sie können den Atem aber auch ruhig fließen lassen, ohne ihn bewußt mit der Bewegung zu koordinieren.

■ Schwangere lassen sich nicht auf die Fersen fallen.

Gelassen im Alltag

Üben Sie regelmäßig die von Ihnen ausgewählten Übungen und erinnern Sie sich immer mal wieder an die Ruhe und die innere Gelassenheit, an die Vorstellungsbilder und die Körperhaltungen des Qigong. Schalten Sie ab, lassen Sie Ihre Gedanken ziehen. Stehen Sie wie ein Baum, lächeln Sie innerlich und nehmen Sie bewußt das Qi der Luft auf. Denken Sie daran, daß Sie von Lebenskraft erfüllt und umgeben sind. Lassen Sie das Qigong Ihren Alltag durchdringen!

Tag für Tag üben

Wenn Sie längere Zeit Qigong praktizieren, wandeln sich die äußere und die innere Haltung. Diese Veränderungen spüren Sie selbst, aber auch die Mitmenschen bemerken sie. Die äußere Haltung wird aufrechter, die innere Einstellung gelassener. Die Bewegungen zurückhaltender Menschen werden freier und raumgreifender, bei anderen, deren Kraft sich vorher eher zerstreute, werden die Bewegungen ruhiger, gesammelter und klarer.

Körpergefühl entwickelt sich

Durch Qigong wird das Gefühl für den eigenen Körper und dessen Bedürfnisse verfeinert. Man bemerkt rascher, wenn eine Bewegung oder eine Haltung dem Körper nicht guttut, und kann darauf reagieren. Es entwickelt sich außerdem eine Art Körpersinn, der selbstregulierend wirkt; Anpassungen und Veränderungen von Bewegungen geschehen, ohne daß sie bewußt durchgeführt werden.
Der Grundspannungszustand entwickelt sich in Richtung Eutonus, der Wohlspannung. Damit ist kein statischer Zustand gemeint, sondern die Fähigkeit, auf Impulse von außen zu reagieren sowie Spannungsverhältnisse im Körper auszugleichen.
Im Qigong üben Sie, abzuschalten und die Gedanken ziehen zu lassen. Wird dieser tiefe Ruhezustand häufiger erlebt, gelangen Anspannung und Entspannung ins Gleichgewicht. Das körperliche und das seelische Zentrieren durch die Sammlung der Aufmerksamkeit zum Dantian kann ebenfalls fühlbare Veränderungen zur Folge haben. Der Körper ruht mehr in seiner Mitte, wodurch die seelische Verfassung des Menschen positiv beeinflußt wird.

Harmonie von Körper und Seele

»In seinem Verhältnis zur Welt erscheint der Mensch also dann ›in seiner Mitte‹, wenn seine Verfassung unstörbar das ewige Aus und Ein des Atems zuläßt, darin er sich in die Welt hineingibt, ohne sich zu verlieren, bei ihr verweilt, ohne verschlungen zu werden, ... und bei sich selbst bleibt, ohne sich zu verhärten.« (Karlfried Graf Dürckheim, *Hara*, 1986, Seite 73)

Üben in den Alltag integrieren

Qigong fördert die Beweglichkeit und die Lebendigkeit eines Menschen. Die fließenden Bewegungen lösen Verspannungen und Erstarrungen. Werden erschlaffte oder unbelebte Bereiche des Körpers wieder von Qi durchströmt, so können sie sich erwärmen, werden deutlicher empfunden und in das eigene Körperbild integriert, Bewegungs-, Ausdrucks- und Lebenslust werden angeregt. Qigong beeinflußt also auf vielfältige Weise das körperliche und das seelische Wohlbefinden. Dazu ist es allerdings notwendig, regelmäßig und geduldig zu üben.

Wie Sie das Üben in den Alltag integrieren

Regelmäßig üben

Eine Schwierigkeit auf dem Qigong-Weg besteht darin, tatsächlich regelmäßig zu üben, wenn man sich einmal dazu entschlossen hat, diesen Weg zu gehen. Wir alle machen immer wieder die Erfahrung, daß genau dann, wenn wir uns vorgenommen haben zu üben, viele Gründe dafür auftauchen, daß dies gerade jetzt nicht möglich ist. Es ist schwierig, aus der Hektik des normalen Tagesablaufes und der damit verbundenen inneren Anspannung in einen Zustand der Entspannung zu wechseln. Manchmal gibt es sogar einen inneren Widerstand, zur Ruhe zu kommen und etwas für sich zu tun. Seien Sie geduldig mit sich selbst, wenn es Ihnen nicht sofort gelingt, täglich konsequent zu üben. Das wiederholte Erleben eines Wohlgefühls während des Übens und danach sowie die Mobilisierung Ihrer Lebenskräfte wird Ihre Motivation allmählich stärken. Irgendwann wird Qigong Teil Ihres Alltags sein und die Freude am Üben größer als Ihre Trägheit.

Geduldig mit sich selbst sein

▶ Nehmen Sie sich zunächst vor, kurze Übungseinheiten in Ihren Tagesablauf zu integrieren. Stellen Sie sich ein Ihren Bedürfnissen entsprechendes Übungsprogramm zusammen, beginnen Sie es grundsätzlich mit einer vorbereitenden und beenden Sie es mit einer abschließenden Übung. Die kürzeste Form, sich vorzubereiten, ist, ein bis zwei Minuten zu stehen wie ein Baum (Seite 49); die kürzeste, abzuschließen, das Qi gedanklich im Dantian zu sammeln (Seite 59). Im Qigong stellt jede Übung eine in sich ausgewogene Form dar, die auf den ganzen Menschen wirkt;

Tag für Tag üben

Sie können also jede Übung als eigene Übungseinheit ausführen.

▶ Machen Sie sich als Anfänger vor allem mit der Übung »Reguliere den Atem, beruhige den Geist« (Seite 55) vertraut. Diese Grundübung fördert die geistige Entspannung, sie läßt sich mit vorbereitenden und abschließenden Übungen kombinieren: »Stehen wie ein Baum« (Seite 49) – »Tragen und Umfassen« (Seite 53) – »Reibe das Dantian« (Seite 59)

● Wenn Sie mehr Zeit zur Verfügung haben, können Sie die Grundübung »Reguliere den Atem, beruhige den Geist« mit allen vorbereitenden und allen abschließenden Übungen kombinieren.

Diese Übungsabfolgen können Sie auch im Sitzen machen, wenn Sie zu müde sind, um längere Zeit zu stehen, oder wenn Sie in jeder Übung einige Zeit verweilen möchten.

● Die Armbewegungen führen Sie im Sitzen in der gleichen Weise aus wie im Stehen, Steigen und Sinken vollziehen sich innerlich und drücken sich lediglich in einem minimalen Aufrichten und Entspannen des Körpers aus.

Geistige Entspannung

▶ Nach der Übung »Reguliere den Atem, beruhige den Geist« können Sie sich den Brokat-Übungen zuwenden. Weil diesen Übungen eine anregende, kräftigende Wirkung zugesprochen wird, sollten sie eher morgens geübt werden. Allerdings ist die Wirkungsweise von Qigong individuell verschieden, es ist auch möglich, daß Sie nach diesen Übungen besonders gut schlafen. Richten Sie sich bei der Übungsauswahl nach Ihren Empfindungen.

● So können Sie sich Übungseinheiten mit den Brokat-Übungen (Seite 62) zusammenstellen: Vorbereitende Übungen – eine oder mehrere Brokat-Übungen – abschließende Übungen.

▶ Die Übungen in Ruhe (Seite 44) können Sie abends zur Beruhigung der Nerven ausführen, auch tagsüber, wenn Sie eine schöpferische Pause benötigen. Schließen Sie die Augen, wenden Sie den Blick nach innen und üben Sie die, für das Qigong grundlegende Entspannung des Geistes.

▶ Wählen Sie Ruhe- und Bewegungs-Übungen nach Ihren Vorlieben aus. Qigong wird nicht in dem Sinne symptomorientiert angewendet, daß mit

Individuelle Wirkungen

einer Übung eine bestimmte Krankheitserscheinung beseitigt werden soll. Qigong harmonisiert das gesamte geistige, seelische und körperliche System und beeinflußt auf diese Weise die Symptome. Führen Sie die ausgewählten Übungen eine Zeitlang regelmäßig aus; wenn Sie die richtige Wahl getroffen haben, wird sich Ihr Wohlbefinden steigern, Ihre Gesundheit stabilisieren.

Selbsthilfe

Wenn Sie regelmäßig üben, wird es Ihnen zunehmend besser gelingen, mit Hilfe kurzer Übungen oder sogar nur durch die gedankliche Sammlung auch im Alltag in einen Zustand innerer Ruhe einzutauchen und Kraft zu schöpfen. Diese Wirkungen von Qigong können Sie zur Selbsthilfe bei Alltagsbeschwerden nutzen, wobei Sie wissen sollten, daß kurze Übungsmomente intensiver wirken, wenn Sie bereits seit längerer Zeit geübt haben.
Die folgenden Qigong-Elemente und -Übungen können Sie in Belastungssituationen nutzen und als erholsame Pausen in Ihren Alltag einfügen.

Im Alltag Kraft schöpfen

Aufrichten und Entspannen

Angenommen, Sie sind nervlich gerade sehr angespannt und haben Rückenschmerzen, sitzen an Ihrem Arbeitsplatz oder tun irgend etwas im Haushalt, Ihre Schultern sind dabei meist hochgezogen, die Arme eng an den Körper gepreßt, der Rücken ist gekrümmt – Ihrem Atem bleibt kein Raum.

▶ Erinnern Sie sich an die sitzende Grundhaltung des Qigong (Seite 35). Nach einem kurzen Rekeln lassen Sie »Luft« zwischen die Wirbel und wachsen sanft gen Himmel. Greifen Sie zwei- bis dreimal mit den Zehen, als wollten Sie sich am Boden festhalten. Denken Sie an das Verwurzeln! Schließen Sie kurz die Augen, lassen Sie alle Spannungen mit dem Ausatem nach unten abfließen!
● Dann führen Sie vier- bis achtmal die Übung »Halte das Universum mit beiden Händen und reguliere die drei Erwärmer« im Sitzen aus (Seite 63). Bewegen Sie also die verschränkten Hände bis auf Brusthöhe und legen sie auf den großen Ball. Drücken Sie die Hände nach unten und führen Sie sie dann über den Kopf, wachsen Sie mit der Wirbel-

Luft zwischen die Wirbel lassen

Tag für Tag üben

Das Universum halten

oder sich blockiert fühlen, können Sie sich mit folgender Übungsabfolge – »Halte den Kunlun mit beiden Händen« – im Sitzen selbst helfen.

▶ Dehnen Sie sich gut durch. Schließen Sie die Augen, legen Sie die Hände auf den Nabelbereich und lassen Sie Ihre Aufmerksamkeit entspannt nach unten sinken. Wenn Sie innerlich zur Ruhe gekommen sind, verschränken Sie die Hände vor dem Unterbauch, führen sie langsam nach oben und hinter den Kopf. Legen Sie die Hände auf den Hinterkopf **(Foto)**. Drücken Sie mit den Handflächen gegen den Kopf und mit dem Kopf gegen die Hände. Die Ellenbogen be-

säule **(Foto)**. Lösen Sie die Hände voneinander und lassen sie seitlich des Körpers herabsinken. Schließen Sie innerlich ab und legen Sie die Hände übereinander auf das Dantian. Dehnen Sie sich.

Auf diese Weise entlasten Sie innerhalb von wenigen Minuten Ihren Rücken, erleichtern die Atmung und geben den Verdauungsorganen Raum. Atem und Qi können wieder fließen.

Nackenverspannung lösen und Streß abbauen

Wenn Ihr Nacken verspannt ist, der Kopf schmerzt und Sie innerlich unter Streß stehen

Halte den Kunlun

wegen sich dabei etwas nach hinten, ohne daß die Schultern hochgezogen werden. Lösen Sie die Spannung wieder mit dem Ausatem, während Sie die Hände dabei am Hinterkopf liegen lassen.
Wiederholen Sie diese Bewegungen zehnmal. Zum Schluß führen Sie die Hände seitlich des Körpers nach unten.

»Halte den Kunlun mit beiden Händen« gehört zu einer Form der Brokat-Übungsreihe im Sitzen.
Kunlun ist der Name eines Gebirges in China, im Zusammenhang mit dieser Übung ist damit der Hinterhauptsvorsprung gemeint. Durch den wechselnden Druck der Hände im Bereich des Kunlun werden jene Punkte massiert, die in der Akupunktur bei Kopfschmerzen und Überlastung der Augen behandelt werden.

Massage von Akupunkturpunkten

▶ Legen Sie die Hände übereinander auf den Nabelbereich und ruhen Sie einen Augenblick aus. Drehen Sie den Kopf gerade nach rechts und drehen Sie ihn mit dem Ausatem wieder zurück zur Mitte. Wiederholen Sie diese Bewegung nach links. Die Halswirbelsäule ist die Achse der Bewegung, sie bleibt gerade aufgerichtet, das Kinn bewegt sich gleichmäßig auf einer horizontalen Linie. Wiederholen Sie diese Bewegungen fünfmal zu jeder Seite, kommen Sie danach zur Mitte zurück.

Ihre Hände bleiben bei dieser Variante der Brokat-Form »Blicke zurück auf die fünf Übertreibungen und die sieben schädlichen Einflüsse« (Seite 71) auf dem Dantian liegen. Lassen Sie, wenn Sie den Kopf zur Seite drehen und ausatmen, »Kümmernisse und Betrübnisse« hinter sich, wie es in einer anderen Übersetzung heißt.

Betrübnisse hinter sich lassen

Legen Sie anschließend die Hände auf den Lendenbereich am Rücken. Führen Sie die Übung »Reibe die Shenshu« aus (Seite 57), streichen Sie über die Hüften – »Schließe den Daimai« (Seite 58) –, und beenden Sie das Üben mit »Reibe das Dantian« (Seite 59). Abschließend dehnen und rekeln Sie sich.

Verwurzelt stehen

Die stehende Grundhaltung ist eine große Hilfe bei Rücken- und Beinschmerzen. In Situationen, in denen Sie warten müssen, zum Beispiel auf die U-Bahn, oder wenn Sie im Beruf viel stehen müssen, sollten Sie immer mal wieder Ihren Rücken entlasten.

Wenn Sie warten müssen

Dynamik und Kraft

Aufgerichtet und schwingend zu stehen, vermittelt ein Gefühl von Dynamik und Kraft. Durch ein Hohlkreuz oder eine gekrümmte Haltung wird im Körper die Verbindung zwischen unten und oben, zwischen Yin und Yang verengt und der Qi-Fluß blockiert. Ist die Verbindung offen, fühlt man sich freier und empfindet den Körper als eine Ganzheit.

▶ Setzen Sie sich auf eine Wolkenbank! Verlagern Sie Ihr Gewicht spielerisch vor, zurück, nach rechts und nach links. Dieses Pendeln kräftigt die Rücken- und Beckenmuskulatur. Kommen Sie dann zur Ruhe und stehen Sie wie ein Baum, fest verwurzelt und lebendig. Nehmen Sie bewußt Ihre Füße auf dem Boden wahr, auf diese Weise entwickeln Sie mehr Standfestigkeit und verlieren nicht so leicht »den Boden unter den Füßen«.

Selbstmassage

Zum großen Gebiet des Qigong gehören auch Formen der Selbstmassage. Von den hier beschriebenen Übungen enthalten »Reibe die Shenshu« (Seite 57), »Schließe den Daimai« (Seite 58) und »Reibe das Dantian« Massageelemente (Seite 59).

■ Führen Sie Selbstmassagen nie mechanisch aus. Seien Sie mit Herz und Gedanken dabei und gehen Sie freundlich mit sich um! Wenn Sie dreimal mit innerer Beteiligung über Ihren Rücken streichen, so hat das eine tiefergehendere Wirkung, als wenn Sie zwanzigmal auf und ab massieren, während Sie daran denken, was Sie noch alles erledigen müssen.

Den Lendenbereich massieren

Wohltuend für die Nerven sowie bei Rückenschmerzen, Menstruationsbeschwerden und Kopfweh ist die Massage des unteren Rückens. Sie aktivieren damit das Qi im Bereich der Shenshu, der Niereneinflußpunkte und des Mingmen, des Lebenstores, von dem gesagt wird, es sei »das Feuer alles Lebendigen«.

Niemals mechanisch massieren

▶ Reiben Sie Ihre Hände aneinander warm. Legen Sie die Handflächen auf den unteren Rücken, rechts und links neben die Lendenwirbelsäule, die Finger zeigen nach unten. Massieren Sie mit einer Ihnen

Selbstmassage

PRAXIS 85

»Sprudelnde Quellen« massieren

Die »Sprudelnden Quellen« massieren

Angenehm am Abend und nach langem Laufen auf hartem Boden ist die feinfühlige Massage der Füße und vor allem der Yongquan, der »Sprudelnden Quellen« (Seite 20). Sie beruhigen damit Ihre Nerven und entspannen Ihren Körper.

▶ Setzen Sie sich auf einen Stuhl oder ein Sofa, nehmen Sie eine bequeme Haltung ein, kommen Sie zur Ruhe. Finden Sie eine angenehme Position, in der Sie Ihren Fuß gut massieren können **(Foto)**. Streichen Sie mit beiden Händen ein paarmal den gesamten Fuß aus. Kreisen Sie dann sanft und langsam mit

angenehmen Intensität auf und ab. Führen Sie die Hände vor dem Körper zusammen und reiben Sie sie wieder. Wiederholen Sie die Übung etwa zehnmal. Lassen Sie zum Schluß die Hände einen Moment auf dem Lendenbereich liegen, spüren Sie die Wärme. Streichen Sie über die Hüften zum Dantian nach vorne, sammeln Sie entspannt Ihre Gedanken zur Mitte und schließen Sie die Übung ab.

Reiben Sie das Gebiet des »Lendenfeuers« kräftiger, so hat das eine vitalisierende Wirkung, streichen Sie langsamer, so beruhigt diese Selbstbehandlung.

Das »Feuer alles Lebendigen«

PRAXIS

Tag für Tag üben

dem Daumen in dem Bereich der Yongquan (Seite 20). Kreisen Sie etwa zehnmal abwechselnd nach links und nach rechts. Legen Sie die Hände um den Fuß und spüren Sie nach. Vergleichen Sie, ob sich die Füße unterschiedlich anfühlen. Behandeln Sie den anderen Fuß auf die gleiche Weise, gefühlvoll und geruhsam.

Die Fengchi massieren

Die Fengchi massieren

Zur Entspannung am Abend eignet sich auch die Massage des Kopfes, speziell der Fengchi-Punkte. Das Ausstreichen dieser Akupunktur-Punkte wird im Rahmen der traditionellen chinesischen Medizin zur Vorbeugung und Behandlung von Ohr- und Augenbeschwerden, Kopfschmerzen sowie von Einschlafschwierigkeiten empfohlen.

Bei Kopfschmerzen

▶ Kommen Sie zur Ruhe, zentrieren Sie sich im Dantian und bleiben Sie während der Massage innerlich dort verankert. Führen Sie die Hände zum Hinterkopf, ertasten Sie den unteren Rand des Kopfes. Die Fengchi liegen etwas unterhalb dieses Randes (Seite 19). Streichen Sie diesen Bereich von der Mitte des Hinterkopfes zu den Seiten hin zehnmal aus **(Foto)**. Wenn Ihnen diese Selbstbehandlung angenehm ist, massieren Sie noch ein paarmal mit kreisförmigen Bewegungen. Legen Sie die Hände zum Schluß auf das Dantian und spüren Sie nach.

Sich erinnern und innerlich üben

- Erinnern Sie sich im Alltag an die Grundelemente des Qigong.
- Denken Sie daran, daß Sie von Lebenskraft erfüllt, von ihr durchdrungen sind. Machen Sie sich bewußt, daß Sie mit jedem Einatem Qi aufnehmen und mit jedem Ausatem abgeben, daß Sie auf diese Weise

Qi ein- und ausatmen

Sich erinnern und innerlich üben

in Verbindung stehen mit der Welt, die Sie umgibt, mit anderen Menschen und mit der Natur.
- Erinnern Sie sich an die Art, wie Sie sich im Qigong bewegen: Fließend, weich, mit Leichtigkeit und von innerer Kraft getragen, ohne unnötig Energie zu verbrauchen oder Ihr Zentrum zu verlieren. Denken Sie, wenn Sie sich bewegen, an die innere Ruhe, und wenn Sie zur Ruhe kommen, an die Bewegungen und die Lebendigkeit im Inneren.
- Versuchen Sie einmal, einfache Qigong-Bewegungen in Gedanken auszuführen, zum Beispiel, wenn Sie bettlägerig sind oder gerade keinen Raum für Bewegungsübungen zur Verfügung haben. Die in Gedanken ausgeführte Bewegung löst im Körper bereits ähnliche Veränderungen aus wie die tatsächlich ausgeführte. Auf der engen Verbindung von Gedanken und körperlichen Vorgängen basiert die Arbeit mit der Vorstellungskraft im Qigong. So kann sich allein dadurch, daß Sie an die »Sprudelnden Quellen« denken, der Gewebetonus der Füße derart verändern, daß sie sich erwärmen.

In Gedanken üben

Lächeln

Das innere Lächeln eignet sich in besonderer Weise als Selbsthilfe-Übung für den Alltag. Üben Sie zunächst in Momenten der Ruhe.

▶ Lassen Sie das Lächeln langsam entstehen und sich bis in jede Zelle Ihres Körpers ausbreiten. Bemühen Sie sich nicht, ein freundliches Gesicht »aufzusetzen«, sondern erinnern Sie sich an Ihre Fähigkeit, Freude am Leben, an der eigenen Lebendigkeit, zu empfinden. Probieren Sie aus, was Sie fühlen, wenn Sie nett lächeln oder wenn sich ein Lächeln in Ihnen ausbreiten kann. Eine meditative Übungsweise wie Qigong verändert die Stimmungslage. Manchmal entstehen ohne äußeren Anlaß Freude und ein tiefes Einverstandensein mit dem Leben, das sich in einem feinen inneren Lächeln ausdrücken kann.

Freude an der eigenen Lebendigkeit

Mit dem ganzen Körper atmen

Erinnern Sie sich daran, daß Sie nicht nur mit der Lunge, sondern mit dem ganzen Körper atmen. Denken Sie daran, wenn Sie gerade irgendwo liegen und sich ausruhen.

Tag für Tag üben

▶ Schließen Sie die Augen, lassen Sie Ihren Atem von allein kommen und gehen. Verweilen Sie bei der Vorstellung, den Atem bis in jede Zelle fließen zu lassen, mit dem ganzen Körper sanft zu atmen. Denken Sie dabei bewußt an den Körper unterhalb des Kopfes. Durch diese Vorstellung stellt sich häufig die Empfindung ein, sich im eigenen Körper auszudehnen und in sich selbst zu Hause zu sein.

In sich selbst zu Hause sein

Zur Mitte finden

Sie können die Alltagshektik für kurze Momente auch mit der Hinwendung zu Ihrer körperlichen Mitte unterbrechen.

▶ Legen Sie die Hände auf den Nabelbereich oder wenden Sie lediglich Ihre Gedanken dorthin. Halten Sie inne, spüren Sie Ihre Mitte, Ihren Atem, die Wärme unter Ihren Händen. Dies kann ein Gefühl vermitteln, als stelle man sich körperlich die Frage: Um was geht es mir im Kern? Was ist wirklich wichtig? Was steht im Mittelpunkt meines Lebens?
Für einen Moment kann es möglich werden, durch innere Sammlung und absichtsloses Geschehenlassen »zur Quelle allen Seins« zurückzukehren.

Unterbrechen Sie für Minuten Ihren Tagesablauf, spüren Sie Ihre Mitte, lassen Sie das Leben geschehen, lauschen Sie dem Atem und erinnern Sie sich an das Wesentliche.
Wenn Sie sich solche Augenblicke erlauben, stärken und nähren Sie Ihre Lebenskraft. Sie kommen in einen ausgewogeneren Qi-Zustand. Der Geist wird durch diese Augenblicke der Ruhe freier und klarer – Sie können danach Ihre Arbeit besser bewältigen.

Üben mit Partner

Es macht Spaß, Qigong zu zweit zu erlernen und gemeinsam zu üben. Mit einem Partner können Sie die Kräfte, von denen in den Qigong-Anleitungen die Rede ist, erproben und sich gegenseitig korrigieren.

Zu zweit lernen und üben

Die Wirkung der Vorstellungskraft überprüfen

In dieser Übung können Sie zu zweit die Wirkung der Vorstellungskraft überprüfen und den Unterschied zwischen einer »leeren« und einer, mit innerer Beteiligung ausgeführten Bewegung erfahren.

Üben mit Partner

▶ Beide Partner stehen sich im schulterbreiten Stand gegenüber und schauen einander an. Stehen Sie in der Haltung »Tragen und umfassen« (Seite 53), im schulterbreiten Stand. Ihr Partner legt seine Hände auf Ihre Unterarme **(Foto)**. Heben Sie den Ball gegen einen kleinen Widerstand der Hände Ihres Partners und senken Sie die Arme wieder. Wiederholen Sie diese Bewegung ein paarmal wie in der Übung »Reguliere den Atem, beruhige den Geist« (Seite 55). Kommen Sie zur Ruhe, schließen Sie die Augen, denken Sie an das Dantian und an die »Sprudelnden Quellen«. Verwurzeln Sie sich tief in der Erde. Denken Sie daran, daß die Kraft, mit der Sie den Ball heben, unter den Füßen entspringt. Heben Sie erneut den Ball aus dem Wasser. Ihr Partner hat die Hände auf Ihren Armen und nimmt wahr, wie sich die Bewegung anfühlt. Ist die Kraft in den Armen stärker, weicher, fließender als beim ersten – ohne innerliche Beteiligung – ausgeführten Ballheben? Spüren Sie nach, ob Sie sich mehr oder ob Sie sich weniger anstrengen mußten.

Vorstellungen verändern die innere Kraft

Nach einigem Experimentieren wird meist deutlich, daß sich

Die Wirkung der Vorstellungskraft überprüfen

die innere Kraft durch den Einsatz der Vorstellungskraft verändert.
Außerdem üben Sie auf diese Weise ein Grundprinzip des Qigong: Jedes Steigen beginnt mit einem Sinken. Die Kraft zum Wachsen kommt aus dem Verwurzeln. Yin ist die Wurzel des Yang.
Mit einem Partner können Sie feststellen, ob eine Bewegung nur »gemacht« oder vom Qi getragen ist. Wenn Sie sich gegenseitig beim Üben berühren, sollten sich Ihre Körper entspannt anfühlen, aber voll innerer Kraft.
Professor Jiao Guorui demonstrierte in einem Kurs das Vorhandensein dieser feinen inneren Kräfte, indem er

Tag für Tag üben

einen Kursteilnehmer gegen seinen Unterarm drücken ließ. Obwohl sich der Schüler redlich bemühte und viel äußerlich sichtbare Anstrengung aufbot, konnte er seinen scheinbar schmächtigen Meister, der völlig entspannt dagegenhielt, nicht wegdrücken.

Üben in der Gruppe

Gegenseitige Unterstützung

In einer Gruppe besteht die Möglichkeit, Erfahrungen auszutauschen und sich gegenseitig zu unterstützen. Üben mehrere Menschen in einem Raum gemeinsam Qigong, so kann dies die Entspannungs- und Konzentrationsfähigkeit jedes einzelnen fördern.
Wird eine Gruppe geleitet, hat dies den Vorteil, daß die Teilnehmer sich völlig ungestört in die Ausführung der Übungen vertiefen können. Die eigenen Gedanken können besser zur Ruhe kommen, wenn es ein anderer übernimmt, die Übungen auszuwählen und an die Grundanweisungen zu erinnern.
Wenn Sie Qigong vertiefen wollen, empfehle ich Ihnen, auf jeden Fall einen Kurs zu besuchen. In China wird Qigong hauptsächlich durch wiederholtes Nachahmen gelernt, ohne daß die Schüler viele Erklärungen erhalten. Das genügt uns hier im Westen oft nicht, wir wollen die Bewegungen mit dem Verstand erfassen. Das wiederholte Nachmachen hat aber einen unschätzbaren Wert. Der eigene Körper lernt unmittelbar vom Körper des Lehrers oder der Lehrerin.
So profitiere ich zum Beispiel immer sehr davon, wenn ich direkt hinter Professor Jiao übe, weil sein Bewegungsfluß, ohne daß ich darüber nachdenken muß, meine Bewegungen beeinflußt. Ich begreife sozusagen körperlich, wo eine Bewegung ansetzt und was sie im Inneren bewirkt. Diese Möglichkeit des direkten Lernens und die Chance, wichtige Korrekturen zu erhalten, bestehen nur in Kursen.

Durch Nachahmen lernen

Üben in und mit der Natur

In China wird Qigong hauptsächlich im Freien geübt. Sie kennen sicher Filmaufnahmen von Menschen, die sich am frühen Morgen in Parkanlagen zeitlupenartig bewegen. Das Üben im Freien gewährleistet,

Üben in und mit der Natur

Üben in und mit der Natur sofern es nicht an einer Hauptverkehrsader geschieht, die Aufnahme von frischem Atem-Qi. Zudem ist es eine Wohltat für die Augen, auf grünen Pflanzen zu ruhen, eine Wohltat für die Füße, auf lebendigem Boden zu stehen. Da im Daoismus das Wasser als Symbol für das Weiche, Fließende, sich ewig Wandelnde eine große Rolle spielte, wurde das Üben in der Nähe von Flüssen oder Seen sehr empfohlen. »*Es gibt nichts Weicheres als das Wasser, aber nichts ist ihm in der Überwindung des Harten überlegen.*« (Laotse) Suchen Sie sich eine Umgebung, die Ihnen Ruhe und Kraft vermittelt. Üben Sie öfter unter dem Aspekt, das Qi der Natur in sich aufzunehmen, sich mit ihm zu verbinden. Führen Sie die Übung »Stehen wie ein Baum« vor einem Baum aus. Machen Sie sich mit dem Baum vertraut, indem Sie ihn berühren, sich an ihn lehnen oder ihn umarmen.

Ihr Qi wird nicht nur durch Qigong-Üben genährt, sondern auch durch den Anblick schöner Landschaften, durch Musik, Gedichte, Düfte, bestimmte Situationen und Menschen. Spüren Sie im Alltag nach, ob Ihnen das, was Sie gerade tun oder erleben, Kraft gibt. Mein Zen-Lehrer sagte einmal: »*Laß dich von jeder Situation nähren!*« Auch wenn das nicht immer möglich ist, so verändert dieser Gedanke bereits die Wahrnehmung für das, was gerade geschieht. Alles, was Ihre Seele, Ihren Geist, Ihre Sinne und Ihren Leib nährt, kräftigt das Qi!

»Das einzig Stetige ist der Wandel«

Sich vom Leben nähren lassen

Zum Nachschlagen

Bücher, die weiterhelfen

Über Qigong

Bölts, Johann, *Qigong, Heilung mit Energie,* Herder Verlag, Freiburg 1994
Engelhardt, Ute, *Die klassische Tradition der Qi-Übungen,*
Franz Steiner Verlag, Stuttgart 1987
Jahresheft 1994, Qigong Yangsheng, *Berichte aus Theorie und Praxis,*
Hrsg. von der Medizinischen Gesellschaft für Qigong Yangsheng,
Medizinisch Literarische Verlagsgesellschaft mbH Uelzen, 1994
Jiao, Guorui, *Die 15 Ausdrucksformen des Taiji-Qigong,* Medizinisch
Literarische Verlagsgesellschaft mbH, Uelzen 1989
Jiao, Guorui, *Qigong Yangsheng,* Medizinisch Literarische Verlagsgesellschaft mbH, Uelzen, 1988
Palos, Stephan, *Atem und Meditation,* Heyne Verlag, München 1985
Requena, Yves, *Qi Gong,* Goldmann Verlag, München 1992
Zöller, Josephine, *Das Tao der Selbstheilung,* Otto Wilhelm Barth Verlag, Bern, München 1986

Chinesische Medizin

Kaptchuk, Ted, *Das große Buch der chinesischen Medizin,*
Otto Wilhelm Barth Verlag, Bern, München 1993
Porkert, Manfred, *Die chinesische Medizin,* Econ Verlag,
Düsseldorf 1992
Ots, Thomas, *Medizin und Heilung in China.* Dietrich Reimer Verlag,
Berlin 1987
Unschuld, U. Paul, *Medizin in China,* Beck Verlag, München 1980
Wühr, Erich, *Gesund durch Chinesische Heilkunst,* Gräfe und Unzer Verlag, München 1996

Zur Philosophie

Chang Po-Tuan, *Das Geheimnis des Goldenen Elixiers,*
Otto Wilhelm Barth Verlag, Bern, München 1990
Dürckheim, Karlfried Graf, *Hara,* Otto Wilhelm Barth Verlag, Bern, München 1986
Lin Yutang, *Die Weisheit des Laotse,* Fischer Verlag, Frankfurt 1992

Kontakte, die weiterhelfen

Verwandte Gebiete

Akupressur, Gondrom, Bindlach 2001
Al Huang, Chungliang, *Taiji, In der Bewegung zu Harmonie und Lebensfreude finden*, Gräfe und Unzer Verlag, München 1994
Autogenes Training, Gondrom, Bindlach 2001
Brand, Ulrich, *Atmen – Lebenskraft befreien*, Gräfe und Unzer Verlag, München 1993
Huth, Almuth, Huth, Werner; *Meditation – Bewegung mit der eigenen Mitte*, Gräfe und Unzer Verlag, München 1993
Nagendra, Dr., Nagarathna, Dr. Monro, Robin; *Fit und gesund mit Yoga*, Gondrom Verlag, Bindlach 2001
Tai Chi, Gondrom Verlag, Bindlach 2002

Kontakte die weiterhelfen

Medizinische Gesellschaft für QiGong Yangsheng e.V.,
Colmanstraße 9, 53115 Bonn.
e-mail: qigong-yangsheng@t-online.de
Bietet in vielen Orten Kurse für Anfänger und Fortgeschrittene an sowie Aus- und Weiterbildungen unter der Gesamtleitung von Prof. Jiao Guorui. Vermittelt Kontakte zu KursleiterInnen.

SMS Internationale Gesellschaft für Chinesische Medizin
Franz-Josef-Straße 38, 80801 München
e-mail: sms@tcm.edu
Bietet Kurse und Ausbildung in Qigong und Tai Chi an.

Im Rahmen der Gesundheitsprogramme der Volkshochschulen und anderer Bildungseinrichtungen finden Qigong-Kurse statt. Probieren Sie aus, welche Qigong-Richtung Ihnen am meisten zusagt, und erkundigen Sie sich nach der Ausbildung und therapeutischen Vorbildung der KursleiterInnen.

Sachregister

Alltag 5, 8, 39, 61, 62, 78
Atem 9, 10, 87
Atemfluß 28, 29
Atemmeer (siehe Qihai)
Atemtherapie 9

Bahui (Hundert Treffen) 19
Bauchatmung 29, 45, 46
Becken, inneres Schließen des 38, 58
Beschwerden, Linderung der 5
Beteiligung, innere 8
Bewegungsübung 49
Brokat-Form, erste 58
 –, zweite 65
 –, dritte 69
 –, vierte 71
 –, achte 74
Brokat-Reihe 62
Buddhismus 11

Daimai (Gürtelgefäß) 58
Dantian 17, 31, 46, 88
 –, hinteres 19
 –, mittleres 18
 –, oberes 19
 –, Selbstmassage 59
 –, unteres 18
 –, vorderes 18
Daoismus 11, 91
»Drei Erwärmer« 63, 66

Entspannungsübungen 24
Erkrankung, üben bei 25, 32

Fengchi 19, 20
Fengchi, Selbstmassage 86

»Fünf Herzen« 52
Funktionskreise 13, 15
 –, Herz 60
 –, Milz–Magen 18, 47, 69
 –, Nieren–Blase 57, 60, 66

»Gebetshaltung« 60
Gesicht, Selbstmassage 40
Gong, Bedeutung von 9
Grundhaltung 34
Gruppe, üben in der 90

Hände, Lockerungsübung 43

Jing 16, 19

Kampfkunst 12, 13
Konfuzianismus 11
Körper, Lockerungsübung 42
Kraft, innere 5, 8
Kraftverteilung, innere 30
Kunlun 82

Lächeln, inneres 47, 48, 87
Laogong (Palast der Arbeit) 20, 61
Lebenstor (siehe Mingmen)
Leitbahnen (siehe Meridiane)
Lenden, Selbstmassage 84
Lendenbereich, Lockerungsübung 42
Lockerungsübungen 39
 –, Hände 43
 –, Körper 42
 –, Lendenbereich 42
 –, Mund- und Rachenraum 40
 –, Nacken 82
 –, Schultern 41

Sachregister

Meditation 8, 11, 21
Medizin, chinesische 5, 8, 11, 12
Menstruation, üben bei 25, 43, 68
Meridiane (Leitbahnen) 13, 16, 17, 31, 43, 47, 71
Mingmen (Lebenstor) 19, 58
Mund- und Rachenraum, Lockerungsübung 40

Nachspüren, Bedeutung von 26
Nacken, Lockerungsübung 82
Natur, üben in der 90

Ohren, Selbstmassage 41

Partnerübungen 88

Qi, Bedeutungen von 9
Qi, die Lebenskraft 8
Qi, Funktionen des 9, 10, 13, 15, 16, 32
Qigong, Anwendung in China 12, 13, 15, 20, 21, 26
Qigong, Anwendung in Deutschland 21
Qihai (Atemmeer, Meer des Qi) 19, 45
Quelle, sprudelnde (siehe Yongquan)

Ruheübung, 24, 44

Schultern, Lockerungsübung 41
Schwangerschaft, üben bei 25, 43, 68
Selbsterfahrung, Qigong als 21, 26

Selbstheilungskräfte, Förderung der 5, 26
Selbsthilfe 81, 87
Selbstmassage 84
–, Dantian 59
–, Fengchi 86
–, Gesicht 27, 40
–, Kunlun 82
–, Lenden 27, 42, 84
–, Ohren 41
–, Shenshu 57
–, Yongquan 73, 85
–, Yintang (Stempelhalle) 19
Shen 16
Shenshu (Niereneinfluß-Punkte) 19
Shenshu, Selbstmassage 57
Speicherorte 13
Streßabbau 9, 39, 79, 82

Tanzen 10
Tierbewegungen, Elemente von 10

Übungen, abschließende 31, 57
Übungen, vorbereitende 34, 39, 49
Übungsweise, ganzheitlich 5

Wandlungsphasen 13, 14, 15
Wirkung harmonisierend 5, 8, 9

Xue 16

Yin/Yang 13, 14, 27, 30, 31
Yongquan (Sprudelnde Quelle) 20, 73
Yongquan, Selbstmassage 85

Impressum

Die Autorin

Micheline Schwarze, Jahrgang 1954, M.A. Phil. Volkskunde und Ethnologie, Atemtherapeutin, Heilpraktikerin, Therapeutin für körperorientierte Psychotherapie(Hakomi), Trainerin (Selbstcoaching, Stressbewältigung u.a.).
Qigong-Lehrerin (Ausbildung bei Prof. Jiao Guorui), Kursleiterin der Medizinischen Gesellschaft für Qigong Yangsheng.
Seit 1988 Leitung von Kursen und Seminaren.
Qigong-Seminare (Einführung, Vertiefung und Ausbildung), sowie Seminare, in denen Qigong z.B. mit Atemachtsamkeit, Entspannungsmethoden, Meditation und Selbstwahrnehmung verbunden wird, für verschiedene Organisationen und in privater Praxis in München.

Genehmigte Lizenzausgabe für Gondrom Verlag GmbH, Bindlach 2004

Redaktion dieser Ausgabe: Dr. Iris Hahner, Beate Kunze
Illustrationen: Gerlind Bruhn
Covergestaltung: Monika Hagen
Umschlagfoto: Getty Images, München

Wir danken den Firmen JAPANALIA, JAPAN IMPORT, WB BLUMEN COMPANY, alle München, für Leihgaben beim Styling der Fotos.

Wichtiger Hinweis:
Die Ratschläge in diesem Buch sind von der Autorin und vom Verlag sorgfältig erwogen und geprüft. Jede Leserin und jeder Leser ist jedoch für sein eigenes Handeln selbst verantwortlich. Alle Angaben in diese Buch erfolgen daher ohne jegliche Gewährleistung oder Garantie. Eine Haftung der Autorin bzw. des Verlags und seiner Beauftragten für Personen-, Sach- und Vermögensschäden ist ausgeschlossen.

Alle Rechte vorbehalten:
Kein Teil dieses Werkes darf ohne schriftliche Einwilligung des Verlages in irgendeiner Form (Fotokopie, Mikrofilm oder ein anderes Verfahren) reproduziert oder unter Verwendung elektronischer Systeme verarbeitet, vervielfältigt oder verbreitet werden.

010

ISBN 3-8112-2281-3

5 4 3 2 1